प्रतिनिधि कविताएँ

फ़ैज़ अहमद 'फ़ैज़'

राजकमल पेपरबैक्स

राजकमल पेपरबैक्स में
पहला संस्करण : 1984
सोलहवाँ संस्करण : 2024

राजकमल पेपरबैक्स : उत्कृष्ट साहित्य के जनसुलभ संस्करण

राजकमल प्रकाशन प्रा.लि.
1-बी, नेताजी सुभाष मार्ग, दरियागंज
नई दिल्ली-110 002
द्वारा प्रकाशित

शाखाएँ : अशोक राजपथ, साइंस कॉलेज के सामने, पटना-800 006
पहली मंजिल, दरबारी बिल्डिंग, महात्मा गांधी मार्ग, प्रयागराज-211 001
1, अनमोल सोराबजी संतुक लेन, धोबी तलाव, मरीन लाइंस, मुम्बई-400 002
वेबसाइट : www.rajkamalprakashan.com
ई-मेल : info@rajkamalprakashan.com

बी.के. ऑफसेट
नवीन शाहदरा, दिल्ली-110 032
द्वारा मुद्रित

मूल्य : ₹ 199

PRATINIDHI KAVITAYEN
Representative Poems by Faiz Ahmed 'Faiz'

ISBN : 978-81-267-0771-3

फ़ैज़ अहमद फ़ैज़

जन्म : 1911, गाँव काला कादर, सियालकोट। **शिक्षा** : आरम्भिक धार्मिक शिक्षा मौलवी मुहम्मद इब्राहिम मीर सियालकोटी से प्राप्त की। मैट्रिक स्कॉच मिशन स्कूल और स्नातकोत्तर मुरे कॉलेज, सियालकोट से। वामपंथी विचारधारा के जुझारू पैरोकार फ़ैज़ ने 1936 में प्रगतिशील लेखक संघ की एक शाखा पंजाब में आरम्भ की। 1935 में एम.ए.ओ. कॉलेज, अमृतसर और बाद में हेली कॉलेज ऑफ़ कॉमर्स, लाहौर में अध्यापन। 1938–1942 के दौरान उर्दू मासिक 'अदबे लतीफ़' का सम्पादन। कुछ समय तक फ़ैज़ ब्रिटिश इंडियन आर्मी में भी रहे जहाँ 1944 में उन्हें लेफ़्टि. कर्नल के पद पर पदोन्नत किया गया था। 1947 में सेना से इस्तीफ़ा देने के बाद 'पाकिस्तान टाइम्स' के पहले प्रधान सम्पादक बने। 1959 से 1962 तक पाकिस्तान आर्ट्स काउंसिल के सचिव रहे।

1964 में लन्दन से वापस आने के बाद फ़ैज़ कराची में अब्दुल्लाह हारून कॉलेज के प्रिंसिपल नियुक्त हुए।

1951 में फ़ैज़ को रावलपिंडी षड्यंत्र केस में चार साल की सज़ा भी हुई, जेल में उन्होंने जीवन की कड़वी सच्चाइयों से सीधा साक्षात्कार किया।

प्रमुख रचनाएँ : नक़्श-ए-फ़रियादी (1941), दस्त-ए-सबा (1953), ज़िन्दाँनामा (1956), मीज़ान (1956), दस्त-तह-ए-संग (1964), सर-ए-वादी-ए-सीना (1971), शाम-ए-शह्‌र-ए-याराँ (1979), मेरे दिल मेरे मुसाफ़िर (1981), सारे सुख़न हमारे (फ़ैज़ समग्र) लंदन से और नुस्ख़हा-ए-वफ़ा (फ़ैज़ समग्र) पाकिस्तान से, 'पाकिस्तानी कल्चर' (उर्दू और अंग्रेज़ी में) (1984)।

फ़ैज़ की रचनाओं का अंग्रेज़ी, रूसी, बलोची, हिन्दी सहित दुनिया की अनेक भाषाओं में अनुवाद हो चुका है।

पुरस्कार : लेनिन पीस प्राइज़, द पीस प्राइज़ (पाकिस्तानी मानवाधिकार सोसायटी), निगार अवार्ड, द एविसेना अवार्ड, निशान-ए-इम्तियाज़ (मरणोपरान्त)। 1984 में मृत्यु से पहले नोबेल प्राइज़ के लिए नामांकन हुआ था।

निधन : 20 नवम्बर, 1984, लाहौर।

फ़ैज़ : जीवन व चिन्तन

सुप्रसिद्ध प्रगतिशील उर्दू कवि **फ़ैज़ अहमद 'फ़ैज़'** का जन्म 1911 में सियालकोट (पाकिस्तान) में हुआ । आरम्भिक शिक्षा उर्दू, फ़ारसी और अरबी में प्राप्त करने के बाद उन्होंने 1933 में अंग्रेज़ी साहित्य में एम. ए. तथा फिर अरबी में एम. ए. किया । अब तक उनके सात कविता-संग्रह (**नक़्श-ए-फ़रियादी : 1941, दस्त-ए-सबा : 1952, ज़िन्दाँनामा : 1956, दस्त-ए-तह-ए-संग : 1964, सर-ए-वादी-ए-सीना : 1971, शाम-ए-शहर-ए-याराँ : 1978, मेरे दिल मेरे मुसाफ़िर : 1980**) प्रकाशित हो चुके हैं । वे अंग्रेज़ी के प्राध्यापक होने के अतिरिक्त विभिन्न पत्र-पत्रिकाओं का सम्पादन भी कर चुके हैं और पाकिस्तानी फ़िल्मों में गीत भी लिख चुके हैं । शायरी के अतिरिक्त गद्य में फ़ैज़ साहब की रचनाएँ—**मीज़ान** (लेख-संग्रह : 1963), **सलीबें मेरे दरीचे में** (पत्नी एलिस फ़ैज़ को जेल से लिखे गये पत्रों का संग्रह : 1971) और **मताए-लौह-ओ-क़लम** (भाषण, लेख, इण्टरव्यू और नाटक आदि का संग्रह : 1973) भी प्रकाशित हो चुकी हैं । पाकिस्तान सरकार द्वारा उनको 1951 और 1958 में जेल भेजा गया । **ज़िन्दाँनामा** उनकी जेल के दिनों की शायरी का संग्रह है । 1962 में फ़ैज़ को 'लेनिन शान्ति पुरस्कार' से सम्मानित किया गया । वे कई बार पूर्व व पश्चिम के बहुत-से देशों का भ्रमण कर चुके हैं और 1978 से एफ़्रो-एशियाई लेखक संघ के मुखपत्र 'लोटस' का सम्पादन कर रहे हैं ।

चालीस वर्षों से अधिक समय में फैली हुई फ़ैज़ की शायरी भी समय के साथ-साथ अपने रूप बदलती रही है और उन्होंने 'नक़्श-ए- फरियादी' से 'मेरे दिल मेरे मुसाफ़िर' तक एक लम्बी मानसिक यात्रा तय की है । 'नक़्श-ए-फ़रियादी' के पहले भाग (1928 से 1935 तक) की शायरी एक बेफ़िक्रे खुशहाल और हुस्न-ओ-इश्क़ की मधुर कल्पनाओं में डूबे हुए कॉलिजिएट

नवयुवक के व्यक्तित्व का आईना है । इसीलिए इसमें :

थक जायेंगी तरसी हुई नाकाम निगाहें
छिन जायेंगे मुझसे मेरे आँसू, मेरी आहें
छिन जायेगी मुझसे मेरी बेकार जवानी
शायद मेरी उल्फ़त को बहुत याद करोगी

जैसी रोमानवी शायरी के नमूने मिलते हैं, लेकिन शीघ्र ही 1930 की विश्व मन्दी और किसानों व मज़दूरों के आन्दोलन व 1936 में मुंशी प्रेमचन्द, सज्जाद ज़हीर और मौलवी अब्दुल हक़ के नेतृत्व में प्रगतिशील आन्दोलन का शुभारम्भ इस नौजवान के हृदय व मस्तिष्क को झँझोड़कर रख देते हैं और वह उच्च स्वर में घोषणा करता है कि :

''अब मैं दिल बेचता हूँ और जान ख़रीदता हूँ''*

इसीलिए 'नक़्श-ए-फ़रियादी' के दूसरे भाग का आरम्भ ''मुझसे पहली सी मुहब्बत मेरी महबूब नः माँग'' जैसी कविता से होती है जो आधुनिक युग के नौजवान के दिल की आवाज बन गयी है । जब 'फ़ैज़' कहते हैं कि :

''और भी ग़म है ज़माने में मुहब्बत के सिवा''

तो अचानक अनुभव होता है कि आज के प्रेम का स्वरूप कितना बदल गया है । पहले प्रेम ही जैसे सबकुछ था लेकिन आज के मशीनी युग में प्रेम व प्रेमिका भी 'कुछ' है, 'सब कुछ' नहीं ।

फ़ैज़ की शायरी का दूसरा मोड़ उस समय आता है जब देशद्रोह के झूठे इलज़ाम में उनके विरुद्ध 'रावलपिण्डी साज़िश केस' रचा जाता है और दो बार उन्हें कारावास व 'राजसी प्रकोप' भोगना पड़ता है, इसीलिए उनकी इस दौर की शायरी में जंजीर, सिलासिल, क़फ़स, दार-ओ-रसन और सय्याद जैसे शब्द अधिक प्रयुक्त हुए हैं । उनकी ग़ज़ल का यह शेर तो जैसे पाकिस्तान की फौज़ी सरकार की तानाशाही व दमन की नीतियों का द्योतक बन गया था :

वोः बात, सारे फ़साने में जिसका जिक्र नः था
वोः बात उनको बहुत नागवार गुज़री है

'दस्त-ए-सबा' और 'ज़िन्दाँनामा' के बाद 'दस्त-ए-तह-ए-संग' की बहुत-सी रचनाएँ भी कारावास की देन हैं लेकिन यहाँ तक आते-आते 'फ़ैज़' का लहजा कुछ धीमा पड़ जाता है और एक हल्की-सी उदासी उनकी शायरी में नज़र आने लगती है :

* ''दिले ब-फ़रोख़्तम जाने ख़रीदम''—'निज़ामी' की फ़ारसी पंक्ति

इस घड़ी कोई किसी का भी नहीं, रहने दो
कोई इस वक़्त मिलेगा ही नहीं, रहने दो
और मिलेगा भी तो इस तौर, के: पछताओगे
इस घड़ी ऐ दिल-ए-आवारा कहाँ जाओगे !

वस्तुतः उनकी शायरी का यह धीमापन उनके चिन्तन व आयु की परिपक्वता व ठहराव की देन है । फिर फ़ैज़ की नज़रें अफ़्रीक़ा व यूरोप की कई यात्राएँ करने के बाद अब सारे विश्व पर केन्द्रित थीं इसलिए विश्व की दो तिहाई मानवता के दुखों के सामने उनको अपने व अपनों के ग़म शायद छोटे मालूम होने लगते हैं । उनके इस दिन-ब-दिन विस्तृत होते हुए VISION का द्योतक 'सर-ए-वादी-ए-सीना' है जिसका शीर्षक 1967 के अरब-इज़्राइल युद्ध से प्रभावित होकर रखा गया है, जिसमें साम्राज्यवादी व विस्तारवादी शक्तियों के गठबन्धन ने बेघर फ़िलिस्तीनियों के अपनी मातृभूमि के स्वप्न को मिट्टी में मिला दिया था ।

यहाँ तक आते-आते 'फ़ैज़' का मानसिक कैनवस इतना फैल जाता है कि वे पूर्णतया अन्तर्राष्ट्रीय कवि बन जाते हैं इसीलिए विश्व में चारों ओर बहाया जा रहा जन-मानस का लहू उनकी शायरी में भी छलक जाता है और वे 'हार्ट अटैक', 'यतीम लहू', 'यहाँ से शहर को देखो', 'हजर करो मेरे तन से', 'मेरी गर्द-आलूद आँखों का लहू' और 'पाँवों से लहू को धो डालो' जैसी 'लहू-प्रधान' नज़्में लिखते हैं ।

'शाम-ए-शहर-ए-याराँ' और 'मेरे दिल मेरे मुसाफ़िर' के बीच समय का अन्तराल बहुत थोड़ा है । इन दोनों संग्रहों में 'फ़ैज़' अपनी साहित्यिक भाषा को छोड़कर, जिस पर फ़ारसी और कहीं-कहीं अरबी का प्रभाव नज़र आता था, एक हद तक जनमानस की भाषा में शायरी करने लगते हैं । इस तरह 'नक़्श-ए-फ़रियादी' का वह कवि जिसको न. म. राशिद ने 'यथार्थ और रोमान के संगम पर खड़ा हुआ नौजवान' घोषित किया था, 'मेरे दिल मेरे मुसाफ़िर' तक आते-आते धरती और धरती के सपूतों की भाषा में बात करने लगता है और उनके दर्द, व्यथाओं और शोषण को उन्हीं की सतह से देखने लगता है, तथा अब उसकी शायरी में 'यारों' और 'दोस्तों' का वर्णन भी अधिक मिलने लगता है ।

'फ़ैज़' की शायरी में पाये जानेवाले मानव-प्रेम और दबे-कुचले हुओं के दुख-दर्द को बाँटने की भावना की प्रशंसा प्रगतिशील आन्दोलन के इतिहासकार सरदार जाफ़री से लेकर प्रो. क़मर रईस तक सभी ने की है । उनकी शायरी की सबसे बड़ी शक्ति उनका जन-मानस से सम्बन्ध है । चाहे

दुनिया के किसी भी कोने में मानव का दमन हो या रक्त बहे, फ़ैज़ किसी भी अन्तर्राष्ट्रीय घटना से अप्रभावित नहीं रहे, इसीलिए जब ईरान में छात्रों को मौत के अन्धे कुएँ में धकेला जाता है तो वे एक कविता 'ईरानी तुलबा के नाम' लिखते हैं, अफ़्रीक़ी स्वतन्त्रता प्रेमियों के समर्थन में 'AFRICA COME BACK' का नारा लगाते हैं और साम्राज्यवादियों से संघर्षरत अरबों के समर्थन में 'सर-ए-वादी- ए-सीना' और फ़िलिस्तीनी बाँकों को श्रद्धांजलि पेश करने के लिए 'दो नज़्में फ़िलिस्तीन के लिए' और बेरुत में किये गये जनसंहार के विरुद्ध 'एक नग़मा करबला-ए-बैरूत के लिए' जैसी कविताएँ लिखकर अपना रोष व्यक्त करते हैं । इस तरह 'फ़ैज़' की सम्पूर्ण शायरी समय व स्थान की सीमाओं को तोड़कर हर उस दुखी जन की पुकार बन जाती है जो कि शोषित व दलित है । जन-मानस के लिए उनकी शायरी संघर्ष और उज्ज्वल भविष्य का प्रतीक है ।

राजकमल से फ़ैज़ साहब का सम्बन्ध पुराना है । इससे पहले भी राजकमल से उनकी शायरी के तीन संग्रह—'शीशों का मसीहा' : 1969, 'फ़ैज़', 1979 और 'मेरे दिल मेरे मुसाफ़िर' : 1982 प्रकाशित हो चुके हैं और फ़ैज़-प्रेमियों द्वारा हाथों हाथ लिये गये हैं । प्रस्तुत पुस्तक राजकमल के सस्ती पेपरबैक पुस्तकों के कार्यक्रम के अन्तर्गत प्रकाशित की जा रही है और इसका उद्देश्य कम मूल्य में फ़ैज़ साहब की अब तक की सभी प्रकाशित व अप्रकाशित उर्दू व पंजाबी रचनाओं का एक प्रतिनिधि चयन हिन्दी पाठकों तक पहुँचाना है । आशा है कि यह प्रयास पसन्द किया जायेगा ।

क्रम

दस्त-ए-तह-ए-संग

सर-ए-वादी-ए-सीना

शाम-ए-शहर-याराँ

मेरे दिल मेरे मुसाफ़िर व अन्य रचनाएँ

राजनीतिक नज़्में

ग़ज़लें

नक्श-ए-फ़रियादी

दस्त-ए-सबा

ज़िन्दाँनामा

दस्त-ए-तह्-ए-संग

सर-ए-वादी-ए-सीना

शाम-ए-शहर-ए-याराँ

मेरे दिल मेरे मुसाफ़िर' व अन्य रचनाएँ

क़तआ'त

पंजाबी नज़्में

नज़्में

नक़्श–ए–फ़रियादी

आज की रात

आज की रात साज़-ए-दर्द नः छेड़
दुख से भरपूर दिन तमाम हुए
और कल की ख़बर किसे मालूम
दोश-ओ-फ़र्दा[1] की मिट चुकी हैं हुदूद[2]
हो नः हो अब सहर किसे मालूम
ज़िंदगी हेंच ! लेकिन आज की रात
एज़दीयत[3] है मुमकिन आज की रात
आज की रात साज़-ए-दर्द नः छेड़

अब न दौहरा फ़साना-हाए-अलम[4]
अपनी क़िस्मत पे सोगवार[5] नः हो
फ़िक्र-ए-फ़र्दा[6] उतार दे दिल से
उम्र-ए-रफ़्ता पे अश्कबार[7] नः हो

अहद-ए-ग़म[8] की हिकायतें[9] मत पूछ
हो चुकीं सब शिकायतें मत पूछ
आज की रात साज़-ए-दर्द नः छेड !

---

1. बीता हुआ व आनेवाला कल, 2. सीमाएँ, 3. ख़ुदा हो जाना, 4. दुख की कहानी, 5. उदास, 6. कल की चिंता, 7. रोना, 8. दुख के दिन, 9. कथाएँ।

मुझ से पहली सी मुहब्बत मेरी महबूब नः माँग

मुझ से पहली सी मुहब्बत मेरी महबूब नः माँग
मैंने समझा था केः तू है तो दरख़्शाँ है हयात[1]
तेरा ग़म है तो ग़म-ए-दहर [2] का झगड़ा क्या है ?
तेरी सूरत से है आलम में बहारों को सबात[3]
तेरी आँखों के सिवा दुनिया में रक्खा क्या है ?

तू जो मिल जाए तो तक़दीर निगूँ[4] हो जाए
यूँ नः था मैं न फ़क़त चाहा था यूँ हो जाए
और भी दुख हैं ज़माने में मुहब्बत के सिवा
राहतें और भी हैं वस्ल की राहत[5] के सिवा

अनगिनत सदियों के तारीक बहीमाना तिलिस्म[6]
रेशम-ओ-अतलस-ओ-कमख़्वाब[7] में बुनवाए हुए
जा-ब-जा[8] बिकते हुए कूचा-ओ-बाज़ार में जिस्म
ख़ाक में लिथड़े हुए, ख़ून में नहलाए हुए
जिस्म निकले हुए अमराज़ के तन्नूरों[9] से
पीप बहती हुई गलते हुए नासूरों से

लौट जाती है इधर को भी नज़र क्या कीजे
अब भी दिलकश[10] है तेरा हुस्न मगर क्या कीजे ?
और भी दुख हैं ज़माने में मुहब्बत के सिवा
राहतें और भी हैं वस्ल की राहत के सिवा
मुझ से पहली सी मुहब्बत मेरी महबूब नः माँग !

---

1. सुखमय जीवन, 2. सांसारिक दुख, 3. ठहराव, 4. बदल जाना, 5. मिलन का आनंद, 6. क्रूरता का अंधकारमय जाल, 7. क़ीमती वस्त्र, 8. जगह-जगह, 9. बीमारियों की भट्टी, 10. आकर्षक।

सोच

क्यूँ मेरा दिल शाद[1] नहीं है
क्यूँ ख़ामोश रहा करता हूँ
छोड़ो मेरी राम कहानी
मैं जैसा भी हूँ अच्छा हूँ

मेरा दिल ग़मगीं[2] है तो क्या
ग़मगीं ये दुनिया है सारी
येः दुख तेरा है ना मेरा
हम सब की जागीर है प्यारी

तू गर मेरी भी हो जाए
दुनिया के ग़म यूँ ही रहेंगे
पाप के फंदे, ज़ुल्म के बंधन
अपने कहे से कटे नः सकेंगे

ग़म हर हालत में मुहलिक[3] है
अपना हो या और किसी का
रोना,. धोना, जी को जलाना
यूँ भी हमारा, यूँ भी हमारा

क्यूँ नः जहाँ का ग़म अपना लें
बाद में सब तदबीरें[4] सोचें
बाद में सुख के सपने देखें
सपनों की ताबीरें[5] सोचें

बेफ़िक्रे धन दौलत वाले
येः आख़िर क्यूँ ख़ुश रहते हैं ?
इनका सुख आपस में बाँटें
ये भी आख़िर हम जैसे हैं

---

1. प्रसन्न, 2. दुखी, 3. घातक, 4. युक्ति, 5. साकार रूप ।

हमने माना जंग कड़ी है
सर फूटेंगे, ख़ून बहेगा
ख़ून में ग़म भी बह जाएँगे
हम नः रहें, ग़म भी नः रहेगा

रक़ीब[1] से

आ केः वाबस्ता[2] हैं उस हुस्न की यादें तुझसे
जिसने इस दिल को परीख़ाना बना रक्खा था
जिसकी उल्फ़त में भुला रक्खी थी दुनिया हमने
दह्र[3] को दह्र का अफ़साना बना रक्खा था

आशना[4] हैं तेरे क़दमों से वोः राहें जिन पर
उसकी मदहोश जवानी ने इनायत[5] की है
कारवाँ गुज़रे हैं जिनसे उसी रा'नाई[6] के
जिसकी इन आँखों ने बेसूद[7] इबादत[8] की है

तुझसे खेली हैं वोः महबूब हवाएँ जिनमें
उसके मलबूस[9] की अफ़सुर्दा[10] महक बाक़ी है
तुझ पे भी बरसा है उस बाम[11] से महताब[12] का नूर
जिसमें बीती हुई रातों की कसक बाक़ी है

तूने देखी है वो पेशानी[13] वोः रुख़सार[14] वोः होंट
ज़िंदिगी जिनके तसव्वुर[15] में लुटा दी हमने
तुझ पे उट्ठी हैं वो खोई हुई साहिर[16] आँखें
तुझ को मालूम है क्यूँ उम्र गँवा दी हमने

---

1. प्रेम में प्रतिद्वंद्वी, 2. जुड़ी हुई, 3. संसार, 4. परिचित, 5. कृपा, 6. सौंदर्य, 7. व्यर्थ की, 8. उपासना, 9. कपड़ों, 10. उदास, 11. अटारी, 12. चाँद, 13. माथा, 14. गाल, 15. कल्पना, 16. जादूगर।

हम पे मुश्तरिका[1] हैं अहसान ग़म-ए-उल्फ़त के
इतने अहसान केः गिनवाऊँ तो गिनवा ना सकूँ
हमने इस इश्क़ में क्या खोया है क्या सीखा है
जुज़[2] तेरे और को समझाऊँ तो समझा ना सकूँ

आजिज़ी[3] सीखी ग़रीबों की हिमायत सीखी
यास-ओ-हिरमान[4] के दुख दर्द के मा'नी सीखा
ज़ेरदस्तों के मसाइब[5] को समझना सीखा
सर्द आहों के रुख़-ए-ज़र्द[6] के मा'नी सीखे

जब कहीं बैठ के रोते हैं वोः बेकस जिनके
अश्क आँखों में बिलकते हुए सो जाते हैं
नातवानों[7] के निवालों पे झपटते हैं उक़ाब[8]
बाज़ू तोले हुए मँडलाते हुए आते हैं

जब कभी बिकता है बाज़ार में मज़दूर का गोश्त
शाहराहों[9] पे ग़रीबों का लहू बहता है
या कोई तोंद का बढ़ता हुआ सैलाब लिये
फ़ाक़ामस्तों[10] को डुबोने के लिए कहता है
आग सी सीने में रह रह के उबलती है नः पूछ
अपने दिल पर मुझे क़ाबू ही नहीं रहता है

तन्हाई

फिर कोई आया दिल-ए-ज़ार[11] ! नहीं, कोई नहीं !
राहरौ[12] होगा, कहीं और चला जायेगा
ढल चुकी रात, बिखरने लगा तारों का ग़ुबार[13]
लड़खड़ाने लगे ऐवानों में ख़्वाबीदा चिराग़[14]

1. समान, 2. अतिरिक्त, 3. विनम्रता, 4. आशा व निराशा, 5. निर्बलों की व्यथाएँ, 6. पीला चेहरा, 7. शक्तिहीन, 8. गरुड़, 9. राजपथ, 10. भूख में मस्त रहनेवाले, 11. दुखी हृदय, 12. पथिक, 13. धूल, 14. महलों में सोये हुए चिराग़।

सो गई रास्ता तक तक के हर एक राहग़ुज़ार[1]
अजनबी ख़ाक ने धुँधला दिये क़दमों के सुराग़[2]
गुल करो शम्एँ बढ़ा दो मय-ओ-मीना-ओ-अयाग़[3]
अपने बेख़्वाब[4] किवाड़ों को मुक़फ़्फ़ल[5] कर लो
अब यहाँ कोई नहीं, कोई नहीं आयेगा !

चन्द रोज़ और मेरी जान

चन्द[6] रोज़ और मेरी ज़ान ! फ़क़त चन्द ही रोज़
ज़ुल्म की छाँव में दम लेने पे मजबूर हैं हम
और कुछ देर सितम सह लें, तड़प लें, रो लें
अपने अजदाद की मीरास[7] है माज़ूर[8] हैं हम
जिस्म पर क़ैद है, जज़्बात पे ज़ंजीरें हैं
फ़िक्र महबूस[9] है, गुफ़्तार पे ताज़ीरें[10] हैं

अपनी हिम्मत है के: हम फिर भी जिए जाते हैं
ज़िंदिगी क्या किसी मुफ़लिस की क़बा[11] है जिसमे
हर घड़ी दर्द के पेवंद लगे जाते हैं

लेकिन अब ज़ुल्म की मी'याद[12] के दिन थोड़े हैं
इक ज़रा सब्र के: फ़रियाद के दिन थोड़े हैं
अर्सा-ए-दह्र[13] की झुलसी हुई वीरानी में
हमको रहना है प:[14] यूँ ही तो नहीं रहना है

अजनबी हाथों का बेनाम गराँबार[15] सितम[16]
आज सहना है हमेशा तो नहीं सहना है

---

1. सड़क, 2. चिह्न, 3. शराब, सुराही व प्याला, 4. निद्राहीन, 5. ताला लगाना, 6. थोड़े, 7. पैतृक धरोहर, 8. लाचार, 9. बंदी चिंतन, 10. भाषा पर प्रतिबंध, 11. ग़रीब के वस्त्र, 12. अवधि, 13. दुनिया का मैदान, 14. पर, 15. बोझिल 16. ज़ुल्म ।

येः तेरे हुस्न से लिपटी हुई आलाम[1] की गर्द
अपनी दो-रोज़ा जवानी की शिकस्तों का शुमार[2]
चाँदनी रातों का बेकार दहकता हुआ दर्द
दिल की बेसूद[3] तड़प, जिस्म की मायूस पुकार
चन्द रोज़ और मेरी जान ! फ़क़्त चन्द ही रोज़

कुत्ते

ये गलियों के आवारा बेकार कुत्ते
केः बख़्शा[4] गया जिनको ज़ौक़-ए-गदाई[5]
ज़माने की फटकार सर्माया[6] इन का
जहाँ भर की धुतकार इनकी कमाई

नः आराम शब की नः राहत[7] सवेरे
ग़िलाज़त[8] में घर, नालियों में बसेरे
जो बिगड़ें तो इक दूसरे से लड़ा दो
ज़रा एक रोटी का टुकड़ा दिखा दो
येः हर एक की ठोकरें खानेवाले
येः फ़ाक़ों[9] से उकता के मर जाने वाले

ये मज़लूम मख़लूक़[10] गर सर उठाये
तो इंसान सब सरकशी[11] भूल जाये...
ये चाहें तो दुनिया को अपना बना लें
येः आक़ाओं[12] की हड्डियाँ तक चबा लें

कोई इनको अहसास-ए-ज़िल्लत[13] दिला दे
कोई इन की सोई हुई दुम हिला दे

---

1. दुखों, 2. पराजयों की गिनती, 3. व्यर्थ, 4. दिया, 5. भीख माँगने का शौक़, 6. पूँजी, 7. चैन, 8. गंदगी, 9. भुखमरी, 10. दलित सृष्टि, 11. उद्दंडता, 12. मालिकों, 13. अपमान की चेतना।

बोल...

बोल के लब आज़ाद हैं तेरे
बोल ज़बाँ अब एक तेरी है
तेरा सुतवाँ[1] जिस्म है तेरा
बोल के: जाँ अब तक तेरी है
देख के: आहंगर[2] दुकाँ[3] में

तुंद[4] हैं शोले, सुर्ख़ है आहन[5]
खुलने लगे क़ुफ़्लों के दहाने[6]
फैला हर एक ज़ंजीर का दामन
बोल, ये: थोड़ा वक़्त बहुत है
जिस्म-ओ-ज़बाँ की मौत से पहले
बोल, के: सच ज़िंदा है अब तक
बोल, जो कुछ कहना है कह ले

मौज़ू-ए-सुख़न

गुल हुई[7] जाती है अफ़सुर्दा[8] सुलगती हुई शाम
धुल के निकलेगी अभी चश्मा-ए-महताब[9] से रात
और मुश्ताक़[10] निगाहों की सुनी जायेगी
और उन हाथों से मस[11] होंगे ये: तरसे हुए हाथ

उनका आँचल है के रुख़्सार के: पैराहन[12] है
कुछ तो है जिससे हुई जाती है चिलमन[13] रंगीं
जाने उस ज़ुल्फ़ की मौहूम[14] घनी छाओं में
टिमटिमाता है वो आवेज़ा[15] अभी तक के: नहीं

---

1. सुडौल, 2. लोहार, 3. दुकान, 4. तेज़, 5. लोहा, 6. तालों के मुख, 7. बुझना, 8. उदास, 9. चाँद के झरने से, 10. उत्सुक, 11. स्पर्श, 12. वस्त्र, 13. पर्दा, 14. धुँधली, 15. कान का बाला।

आज फिर हुस्न-ए-दिल आरा[1] की वही धज होगी
वही ख़्वाबीदा[2] सी आँखें, वही काजल की लकीर
रंग-ए-रुख़्सार पे हल्का सा वो ग़ाज़े[3] का ग़ुबार
संदली हाथ पे धुँधली सी हिना की तहरीर[4]

अपने अफ़कार[5] की अशआर की दुनिया है यही
जान-ए-मज़मूँ[6] है यही शाहिद-ए-माना[7] है यही

आज तक सुर्ख़-ओ-सियह सदियों के साये के तले
आदम-ओ-हव्वा की औलाद पे क्या गुज़री है ?
मौत औ ज़ीस्त[8] की रोज़ाना सफ़-आराई[9] में
हम पे क्या गुज़रेगी, अज़दाद[10] पे क्या गुज़री है ?

इन दमकते हुए शहरों की फ़रावाँ[11] मख़लूक़
क्यूँ फ़क़त[12] मरने की हसरत में जिया करती है ?
ये हसीं खेत, फटा पड़ता है जोबन जिनका
किस लिए इनमें फ़क़त भूख उगा करती है ?

ये: हर एक सिम्त पुरअसरार[13] कड़ी दीवारें
जल बुझे जिन में हज़ारों की जवानी के चिराग़
ये हरएक गाम[14] पे इन ख़्वाबों की मक़तलगाहें[15]
जिनके परतव[16] से चिराग़ाँ[17] हैं हज़ारों के दिमाग़

ये भी हैं ऐसे कई और भी मज़मूँ[18] होंगे
लेकिन उस शोख़[19] के आहिस्ता से खुलते हुए होंट
हाए उस जिस्म के कमबख़्त दिल-आवेज़ ख़ुतूत[20]
आप ही कहिए कहीं ऐसे भी अफ़सूँ[21] होंगे

---

1. मोहक, 2. निद्रारत, 3. मुँह पर मलनेवाला पाउडर, 4. मेहँदी का लेख, 5. विचार, 6. विषय का सार, 7. अर्थ का सौन्दर्य, 8. जीवन-मृत्यु, 9. युद्ध, 10. पूर्वज, 11. बहुसंख्यक, 12. केवल, 13. रहस्यमय, 14. राह, 15. क़त्ल करने का केंद्र, 16. परछाँई, 17. प्रकाशवान, 18. विषय, 19. चंचल, 20. मनमोहक उतार-चढ़ाव, 21. जादू।

अपना मौज़-ए-सुख़न[1] इनके सिवा और नहीं
तबअ-ए-शायर[2] का वतन इनके सिवा और नहीं

हम लोग

दिल के ऐवाँ में लिये गुलशुदा शम्ओं की क़तार[3]
नूर-ए-ख़ुर्शीद[4] से सहमे हुए उकताए हुए
हुस्न-ए-महबूब के सय्याल तसव्वुर[5] की तरह
अपनी तारीकी को भींचे हुए, लिपटाए हुए

ग़ायत-ए-सूद-ओ-ज़ियाँ[6] सूरत-ए-आग़ाज़-ओ मआल[7]
वही बेसूद तजस्सुस[8] वही बेकार सवाल
मुज़्महिल[9] साअत-ए-इमरोज़[10] की बेरंगी से
याद-ए-माज़ी से ग़मीं[11] दहशत-ए-फ़र्दा[12] से निढाल

तश्ना अफ़कार[13] जो तस्कीन[14] नहीं पाते हैं
सोख़्ता अश्क[15] जो आँखों में नहीं आते हैं
इक कड़ा दर्द के: जो गीत में ढलता ही नहीं
दिल के तारीक शिगाफ़ों[16] से निकलता ही नहीं
और इक उलझी हुई मौहूम सी दरमाँ[17] की तलाश
दश्त-ओ-ज़िंदा[18] की हवस, चाक-ए-गरीबाँ की तलाश

---

1. कविता का विषय, 2. कवि प्रकृति, 3. बुझी हुई दीपमाला, 4. चाँद की रौशनी, 5. तरल कल्पना, 6. लाभ हानि का कारण, 7. आदि व अंत का स्वरूप, 8. व्यर्थ की जिज्ञासा, 9. क्लान्त, 10. आज के क्षण, 11. अतीत की यादों से दुखी, 12. भविष्य के भय, 13. प्यासे विचार, 14. संतुष्टि, 15. सूखे हुए आँसू, 16. दरारों, 17. सांत्वना, 18. जंगल व जेल।

मेरे हमदम मेरे दोस्त

गर मुझे इसका यक़ीं हो मेरे हमदम मेरे दोस्त
गर मुझे इसका यक़ीं हो के तेरे दिल की थकन
तेरी आँखों की उदासी, तेरे सीने की जलन
मेरी दिलजोई[1], मेरे प्यार से मिट जायेगी
गर मेरा हर्फ़-ए-तसल्ली[2] वोः दवा हो जिससे
जी उठे फिर तेरा उजड़ा हुआ बेनूर[3] दिमाग़
तेरी पेशानी से धुल जाएँ ये तज़लील[4] के दाग़
तेरी मदक़ूक़[5] जवानी को शफ़ा[6] हो जाये
गर मुझे इसका यक़ीं हो मेरे हमदम मेरे दोस्त
रोज़-ओ-शब, शाम-ओ-सहर, मैं तुझे बहलाता रहूँ
मैं तुझे गीत सुनाता रहूँ हलके, शीरीं[7]
आबशारों[8] के बहारों के चमनज़ारों[9] के गीत
आमद-ए-सुब्ह[10] के, महताब के, सय्यारों[11] के गीत
तुझसे मैं हुस्न-ओ-मुहब्बत की हिकायात[12] कहूँ
कैसे मग़रूर हसीनाओं के बर्फ़ाब[13] से जिस्म
गर्म हाथों की हरारत[14] से पिघल जाते हैं
कैसे एक चेहरे के ठहरे हुए मानूस नुक़ूश[15]
देखते देखते यकलख़्त[16] बदल जाते हैं

---

1. प्रोत्साहन, 2. सांत्वना के शब्द, 3. अंधकारमय, 4. अपमान, 5. क्षय ग्रस्त, 6. रोगमुक्ति, 7. मीठे, 8. झरनों, 9. वाटिकाओं, 10. सुबह का आगमन, 11. सितारों, 12. गाथाएँ, 13. ठण्डे, 14. ताप, 15. परिचित भाव, 16. एकदम।

किस तरह आरिज़-ए-महबूब का शफ़्फ़ाफ बिल्लूर[1]
यक-ब-यक बादा-ए-अहमर[2] से दहक जाता है
कैसे गुलचीं[3] के लिए झुकती है खुद शाख़-ए-गुलाब
किस तरह रात का ऐवान[4] महक जाता है

यूँ ही गाता रहूँ, गाता रहूँ तेरी ख़ातिर
गीत बुनता रहूँ, बैठा रहूँ तेरी ख़ातिर
पर मेरे गीत तेरे दुख का मदावा[5] तो नहीं
नग़मा जर्राह नहीं, मूनिस-ओ-ग़मख़्वार[6] सही
गीत नश्तर तो नहीं, मर्हम-ए-आज़ार[7] सही
तेरे आज़ार का चारा नहीं नश्तर के सिवा
और ये सफ़्फ़ाक[8] मसीहा मेरे क़ब्ज़े में नहीं
इस जहाँ के किसी ज़ी-रूह[9] के क़ब्ज़े में नहीं
हाँ मगर तेरे सिवा, तेरे सिवा, तेरे सिवा

लौह-ओ-क़लम

हम परवरिश-ए-लौह-ओ क़लम[10] करते रहेंगे
जो दिल पे गुज़रती है, रक़म[11] करते रहेंगे
असबाब ए-ग़म-ए-इश्क़ बहम[12] करते रहेंगे
वीरानी-ए-दौराँ[13] पे करम करते रहेंगे

---

1. प्रेमिका के कपोल का चमकदार सुरा-पात्र, 2. लाल शराब, 3. फूल चुननेवाला, 4. महल, 5. इलाज, 6. दोस्त व दुख बाँटने वाला, 7. दुख का मरहम, 8. निर्दयी, 9. प्राणी, 10. लेखनी व तख़्ती, 11. लिखना, 12. जुटाना, 13. दुनिया की वीरानी।

हाँ तल्ख़ी-ए-अय्याम[1] अभी और बढ़ेगी
हाँ अह् ल-ए-सितम[2] मश्क़-ए-सितम करते रहेंगे
मंज़ूर ये तल्ख़ी, ये सितम हम को गवारा
दम् है तो मदावा-ए-अलम[3] करते रहेंगे
मयख़ाना सलामत है तो हम सुर्ख़ी-ए-मय से
तज़ईन-ए-दर-ओ-बाम-ए-हरम[4] करते रहेंगे
बाकी है लहू दिल में तो हर अश्क से पैदा
रंग-ए-लब-ओ-रुख़्सार-ए-सनम करते रहेंगे
इक तर्ज़-ए-तग़ाफ़ुल[5] है, सो वोः उनको मुबारक
इक अर्ज़-ए-तमन्ना[6] है, सो हम करते रहेंगे

तराना

दरबार-ए-वतन में जब इक दिन सब जाने वाले जायेंगे
कुछ अपनी सज़ा को पहुँचेंगे, कुछ अपनी जज़ा[7] ले जायेंगे
ऐ ख़ाक-नशीनों उठ बैठो, वो वक़्त क़रीब आ पहुँचा है
जब तख़्त गिराये जायेंगे, जब ताज उछाले जायेंगे
अब टूट गिरेंगी ज़ंजीरें, अब ज़िन्दानो[8] की ख़ैर नहीं
जो दरिया झूम के उट्ठे हैं, तिनकों से न टाले जायेंगे
कटते भी चलो, बढ़ते भी चलो, बाज़ू भी बहुत हैं सर भी बहुत
चलते भी चलो केः अब डेरे मंजिल ही पे डाले जायेंगे
ऐ ज़ुल्म के मातो, लब खोलो, चुप रहनेवालो, चुप कब तक
कुछ हश्र[9] तो इनसे उट्ठेगा, कुछ दूर तो नाले जायेंगे

---

1. समय की कटुता, 2. ज़ालिम, 3. दुख का निवारण, 4. मस्जिद की सजावट, 5. लापरवाही का ढंग, 6. तमन्ना का प्रदर्शन, 7. पुरस्कार, 8. जेलख़ानों, 9. प्रलय।

दो इश्क़

[1]

ताज़ा हैं अभी याद में ऐ साक़ी-ए-गुलफ़ाम
वो अक्स-ए-रुख़-ए-यार[1] से लहके हुए अय्याम[2]
वो फूल सी खिलती हुई दीदार की साअत
वोः दिल सा धड़कता हुआ उम्मीद का हंगाम

उम्मीद केः लो जागा ग़म-ए-दिल का नसीबा
लो शौक़ की तरसी हुई शब हो गई आख़िर
लो डूब गये दर्द के बेख़्वाब[3] सितारे
अब चमकेगा बेसब्र निगाहों का मुक़द्दर

इस बाम से निकलेगा तेरे हुस्न का ख़ुर्शीद[4]
उस कुंज से फूटेगी किरन रंग-ए-हिना[5] की
इस दर से बहेगा तेरी रफ़्तार का सीमाब[6]
उस राह पे फूलेगी शफ़क़[7] तेरी क़बा की

फिर देखे हैं वो हिज्र के तपते हुए दिन भी
जब फ़िक्र-ए-दिल-ओ-जाँ में फ़ुग़ाँ[8] भूल गयी है
हर शब वो सियह बोझ केः दिल बैठ गया है
हर सुब्ह की लौ तीर सी सीने में लगी है

तन्हाई में क्या क्या न तुझे याद किया है
क्या क्या न दिल-ए-जार ने ढूँढ़ी हैं पनाहें
आँखों से लगाया है कभी दस्त-ए-सबा[9] को
डाली है कभी गर्दन-ए-महताब में बाहें

---

1. प्रियतम के चेहरे की छवि, 2. दिन, 3. निद्रा रहित, 4. सूर्य, 5. मेहँदी के रंग की, 6. पारा, 7. शाम की लाली, 8. विलाप, 9. शीतल समीर का हाथ।

[2]

चाहा है इसी रंग में लैला-ए-वतन[1] की
तड़पा है इसी तौर से दिल उसकी लगन में
ढूँढी है यूँ ही शौक़ ने आशाइश-ए-मंज़िल[2]
रुख़्सार के ख़म[3] में कभी काकुल की शिकन[4] में

इस जान-ए-जहाँ को भी यूँ ही क़ल्ब-ओ-नज़र[5] ने
हँस हँस के सदा दी, कभी रो रो के पुकारा
पूरे किये सब हर्फ़-ए-तमन्ना के तक़ाज़े
हर दर्द को उजियाला, हरएक ग़म को सँवारा
वापस नहीं फेरा कोई फ़र्मान जुनूँ[6] का
तन्हा नहीं लौटी कभी आवाज़ जरस[7] की
ख़ैरीयत-ए-जाँ, राहत-ए-तन, सेहत-ए-दामाँ[8]
सब भूल गईं मसलहतें अह्ल-ए-हवस की

इस राह में जो सब पे गुज़रती है वो गुज़री
तन्हा पस-ए-ज़िन्दाँ,[9] कभी रुस्वा सर-ए-बाज़ार[10]
गर्जे हैं बहुत शेख़[11] सर-ए-गोशा-ए-मिम्बर[12]
कड़के हैं बहुत अह्ल-ए-हकम[13] बर-सर-ए-दरबार[14]
छोड़ा नहीं ग़ैरों ने कोई नावक-ए-दुश्नाम[15]
छूटी नहीं अपनों से कोई तर्ज़-ए-मलामत[16]
इस इश्क़ न उस इश्क़ पे नादिम[17] है मगर दिल
हर दाग़ है इस दिल में ब-जुज़ दाग़-ए-नदामत[18]

---

1. देश रूपी प्रेमिका, 2. मंज़िल का आराम, 3. गालों में पड़नेवाला गड्ढा, 4. ज़ुल्फ़ का पेंच, 5. दिल व नज़र, 6. दीवानगी का आदेश, 7. घंटा, 8. दामन की सुरक्षा, 9. जेल में, 10. बाज़ार में बदनाम, 11. धर्म की दुहाई देने वाले, 12. मंच पर से, 13. अधिकारी, 14. दरबार में, 15. गाली का तीर, 16. निन्दा का ढंग, 17. लज्जित, 18. लज्जा के कलंक के अतिरिक्त।

नोहा [1]

मुझको शिकवा है मेरे भाई के: तुम जाते हुए
ले गये साथ मेरी उम्र-ए-गुज़िशता[2] की किताब
उसमें तो मेरी बहुत क़ीमती तस्वीरें थीं
उसमें बचपन था मेरा और मेरा अहद-ए-शबाब[3]
उसके बदले मुझे तुम दे गये जाते जाते
अपने ग़म का ये दहकता हुआ ख़ूँ-रंग गुलाब
क्या करूँ भाई ये: ए'ज़ाज़[4] मैं क्यूँकर पहनूँ
मुझसे ले लो मेरी सब चाक[5] क़मीज़ों का हिसाब
आख़िरी बार है, लो मान लो इक ये: भी सवाल
आज तक तुमसे मैं लौटा नहीं मायूस-ए-जवाब[6]
आके ले जाओ तुम अपना ये: दहकता हुआ फूल
मुझको लौटा दो मेरी उम्र-ए-गुज़िशता की किताब

निसार मैं तेरी गलियों के...

निसार[7] मैं तेरी गलियों के ऐ वतन के: जहाँ
चली है रस्म[8] के: कोई न सर उठाके चले
जो कोई चाहने वाला तवाफ़[9] को निकले
नज़र चुरा के चले जिस्म-ओ-जाँ बचा के चले

---

1. शोक गीत, 2. बीती हुई उम्र, 3. जवानी का युग, 4. सम्मान, 5. फटी हुई, 6. उत्तर से निराश, 7. न्योछावर, 8. प्रथा, 9. परिक्रमा।

है अह् ल-ए-दिल के लिए अब येः नज़्म-ए-बस्त-ओ कुशाद[1]
के: संग-ओ-ख़िश्त मुक़य्यद हैं और सग आज़ाद[2]
बहुत हैं ज़ुल्म के दस्त-ए-बहाना-जू[3] के लिए
जो चन्द अह् ल-ए-जुनूँ[4] तेरे नामलेवा हैं
बने हैं अह् ल-ए-हवस, मुद्दई भी मुंसिफ़ भी
किसे वकील करें, किससे मुंसिफ़ी[5] चाहें
मगर गुज़ारने वालों के दिन गुज़रते है
तेरे फ़िराक़[6] में यूँ सुब्ह-ओ-शाम करते हैं
बुझा जो रोज़न-ए-ज़िन्दाँ[7] तो दिल येः समझा है
केः तेरी माँग सितारों से भर गई होगी
चमक उठे हैं सलासिल[8] तो हमने जाना है
केः अब सहर तेरे रुख़ पर बिखर गई होगी
ग़रज तसव्वुर-ए-शाम-ओ-सहर में जीते हैं
गिरफ़्त-ए-साया-ए-दीवार-ओ-दर में जीते हैं
यूँ ही हमेशा उलझती रही है ज़ुल्म से ख़ल्क़[9]
न उनकी रस्म नई है न अपनी रीत नई
यूँ ही हमेशा खिलाये हैं हमने आग में फूल
न उनकी हार नई है न अपनी जीत नई
इसी सबब से फ़लक[10] का गिला नहीं करते
तेरे फ़िराक़ में हम दिल बुरा नहीं करते
गर आज तुझ से जुदा हैं तो कल बहम होंगे[11]
ये रात भर की जुदाई तो कोई बात नहीं
गर आज औज[12] पे है ताला'-ए-रक़ीब[13] तो क्या
येः चार दिन की ख़ुदाई तो कोई बात नहीं

---

1. खुलने-बँधने की व्यवस्था, 2. ईंट पत्थर बँधे हैं और कुत्ते खुले हैं, 3. बहाना ढूँढनेवाला हाथ, 4. दीवाने, 5. न्याय, 6. जुदाई, 7. जेल का रोशनदान, 8. ज़ंजीरें, 9. सृष्टि, 10. आकाश, 11. मिलेंगे, 12. शिखर, 13. दुश्मन का भाग्य।

जो तुझ से अहद-ए-वफ़ा[1] उस्तवार[2] रखते हैं
इलाज-ए-गर्दिश-ए-लैल-ओ-निहार[3] रखते हैं

शीशों का मसीहा कोई नहीं

मोती हो के: शीशा जाम के: दुर[4]
जो टूट गया, सो टूट गया
कब अश्कों[5] से जुड़ सकता है
जो टूट गया, सो टूट गया

तुम नाहक़[6] टुकड़े चुन चुन कर
दामन में छुपाये बैठे हो
शीशों का मसीहा कोई नहीं
क्या आस लगाये बैठे हो

शायद के: इन्हीं टुकड़ों में कहीं
वो: साग़र-ए-दिल है जिसमें कभी
सद[7] नाज़ से उतरा करती थी
सहबा-ए-ग़म-ए-जानाँ[8] की परी

फिर दुनिया वालों ने तुमसे
ये साग़र लेकर फोड़ दिया
जो मय थी बहा दी मिट्टी में
मेहमान का शह-पर[9] तोड़ दिया

---

1. वफ़ा का प्रण, 2. पक्का, 3. रात दिन की व्यथाओं का उपचार, 4. मोती, 5. आँसुओं, 6. बेकार, 7. सौ, 8. प्रेमिका के विरह की शराब, 9. मुख्य पंख।

ये रंगीं रेज़े[1] हैं शायद
उन शोख़ बिलूरी सपनों के
तुम मस्त जवानी में जिनसे
ख़िल्वत[2] को सजाया करते थे

नादारी[3], दफ़्तर, भूख और ग़म
इन सपनों से टकराते रहे
बेरहम था चौमुख पथराव
ये: काँच के ढाँचे क्या करते

या शायद इन ज़र्रों में कहीं
मोती है तुम्हारी इज़्ज़त का
वो जिससे तुम्हारे इज्ज़[4] पे भी
शमशाद-क़दों[5] ने रश्क किया

इस माल की धुन में फिरते थे
ताजिर भी बहुत, रहज़न भी कई
है चोर नगर याँ मुफ़लिस[6] की
गर जान बची तो आन गयी

ये सागर शीशे लाल-ओ-गुहर
सालिम[7] हों तो क़ीमत पाते हैं
यूँ टुकड़े टुकड़े हों तो फ़क़त
चुभते हैं, लहू रुलवाते हैं

तुम नाहक़ शीशे चुन चुनकर
दामन में छुपाये बैठे हो
शीशों का मसीहा कोई नहीं
क्या आस लगाये बैठे हो

---

1. रंगीन कण, 2. एकान्त, 3. दरिद्रता, 4. विनम्रता, 5. अच्छे क़दवाले (महबूब), 6. ग़रीब, 7. पूर्ण।

यादों के गरेबानों के रफ़ू
पर दिल की गुज़र कब होती है
इक बख़िया उधेड़ा एक सिया
यूँ उम्र बसर कब होती है

इस कारगह-ए-हस्ती[1] में जहाँ
ये: साग़र, शीशे ढलते हैं
हर शै का बदल मिल सकता है
सब दामन पुर[2] हो सकते हैं

जो हाथ बढ़े, यावर[3] है यहाँ
जो आँख उठे, वो बख़्तावर[4]
याँ धन दौलत का अंत नहीं
हों घात में डाकू लाख मगर

कब लूट झपट से हस्ती की
दूकानें ख़ाली होती हैं
याँ पर्बत-पर्बत हीरे हैं
याँ सागर-सागर मोती हैं

कुछ लोग हैं जो इस दौलत पर
पर्दे लटकाते फिरते हैं
हर पर्बत को, हर सागर को
नीलाम चढ़ाते फिरते हैं

कुछ वो: भी हैं जो लड़भिड़ कर
ये पर्दे नोच गिराते हैं
हस्ती के उठाईगीरों की
हर चाल उलझाए जाते हैं

---

1. अस्तित्व की कर्मशाला, 2. भरना, 3. सहायक, 4. भाग्यशाली

इन दोनों में रन पड़ता है
नित बस्ती बस्ती, नगर नगर
हर बस्ते घर के सीने में
हर चलती राह के माथे पर

ये: कालिख भरते फिरते हैं
वो: जोत जगाते रहते हैं
ये: आग लगाते फिरते हैं
वो: आग बुझाते रहते हैं

सब साग़र, शीशे, लाल-ओ-गुहर
इस बाज़ी में बद जाते हैं
उट्ठो सब खाली हाथों को
इस रन से बुलावे आते हैं

ज़िन्दाँ[1] की एक सुब्ह

रात बाक़ी थी अभी जब सर-ए-बालीं[2] आकर
चाँद ने मुझसे कहा : "जाग सहर आई है
जाग, इस शब जो मय-ए-ख़्वाब[3] तेरा हिस्सा थी
जाम के लब से तह-ए-जाम उतर आई है"
अक्स-ए-जानाँ[4] को विदा करके उठी मेरी नज़र
शब के ठहरे हुए पानी की सियह चादर पर
जा-ब-जा[5] रक़्स[6] में आने लगे चाँदी के भँवर
चाँद के हाथ से तारों के कँवल गिर-गिरकर

---

1. कारावास, 2. सिरहाने, 3. नींद की मदिरा, 4. प्रेमिका की छवि, 5. जगह-जगह, 6. नृत्य।

डूबते, तैरते, मुर्झाते रहे, खिलते रहे
रात और सुब्ह बहुत देर गले मिलते रहे

सहन-ए-ज़िन्दाँ में रफ़ीक़ों[1] के सुनहरे चेहरे
सतहे-ज़ुल्मत से दमकते हुए उभरे कम कम
नींद की ओस ने इन चेहरों से धो डाला था
देस का दर्द, फ़िराक़-ए-रुख़-ए-महबूब का ग़म[2]
दूर नौबत हुई,[3] फिरने लगे बेज़ार[4] क़दम
ज़र्द फ़ाक़ों के सताये हुए पहरे वाले
अह्‌ल-ए-ज़िन्दाँ के ग़ज़बनाक, ख़रोशाँ[5] नाले[6]
जिनकी बाहों में फिरा करते हैं बाहें डाले

लज्ज़त-ए-ख़्वाब[7] से मख़मूर[8] हवाएँ जागीं
जेल की जह्‌रभरी चूर सदाएँ[9] जागीं
दूर दरवाज़ा खुला कोई, कोई बन्द हुआ
दूर मचली कोई ज़ंजीर, मचल के रोई
दूर उतरा किसी ताले के जिगर में ख़ंजर
सर पटकने लगा रह-रहके दरीचा[10] कोई
गोया फिर ख़्वाब से बेदार हुए[11] दुश्मन-ए-जाँ
संग-ओ-फ़ौलाद से ढाले हुए जिन्नात-ए-गराँ[12]
जिनके चंगुल में शब-ओ-रोज़ हैं फ़रियाद कुनाँ[13]
मेरे बेकार शब-ओ-रोज़ की नाज़ुक परियाँ
अपने शहपूर[14] की रह देख रही हैं येः असीर[15]
जिसके तरकश में हैं उम्मीद के जलते हुए तीर

---

1. साथियों, 2. प्रेमिका की सूरत की जुदाई का दुख, 3. घण्टा बजना, 4. उकताये हुए, 5. तेज़, 6. बैन, 7. नींद का आनन्द, 8. नशे में चूर, 9. आवाज़ें, 10. झरोखा, 11. जागे, 12. भीमकाय पिशाच, 13. फ़रियाद करते हुए, 14. राजकुमार, 15. बंदी।

मुलाक़ात

[1]

ये रात उस दर्द का शजर[1] है
जो मुझसे तुझसे अज़ीमतर[2] है
अज़ीमतर है के: इसकी शाख़ों
में लाख मशअल बकफ़[3] सितारों
के कारवाँ घिर के खो गए हैं
हज़ार महताब, इसके साए
में अपना सब नूर रो गए हैं

ये रात उस दर्द का शजर है
जो मुझसे तुझसे अज़ीमतर है
मगर इसी रात के शजर से
ये चन्द लम्हों[4] के ज़र्द पत्ते
गिरे हैं और तेरे गेसुओं[5] में
उलझ के गुलनार[6] हो गए हैं
इसी की शबनम[7] से ख़ामशी के
ये चन्द क़तरे, तेरी जबीं[8] पर
बरस के हीरे पिरो गए हैं

---

1. वृक्ष, 2. महान, 3. हाथ में मशाल लिये, 4. कुछ क्षण, 5. ज़ुल्फ़ों, 6. लाल्ल, 7. ओस, 8. माथा।

[2]

बहुत सियह है येः रात लेकिन
इसी सियाही में रूनूमा[1] है
वोः नह् र-ए-ख़ूँ जो मेरी सदा[2] है
इसी के साए में नूरगर है
वोः मौज-ए-ज़र[3] जो तेरी नज़र है

वोः ग़म जो इस वक़्त तेरी बाहों
के गुलसिताँ में सुलग रहा है
(वोः ग़म जो इस रात का समर[4] है)
कुछ और तप जाए अपनी आहों
की आँच में तो यही शरर[5] है

हर इक सियह शाख़ की कमाँ से
जिगर में टूटे हैं तीर जितने
जिगर से नोचे हैं और हर इक
का हमने तेशा[6] बना लिया है

[3]

अलम नसीबों[7], जिगर फ़िगारों[8]
की सुब्ह, अफ़लाक[9] पर नहीं है
जहाँ पे हम तुम खड़े हैं दोनों
सहर[10] का रौशन-उफ़क़[11] यहीं है
यहीं पे ग़म के शरार[12] खिलकर
शफ़क़[13] के गुलज़ार बन गए हैं

---

1. प्रकट, 2. वाणी, 3. स्वर्ण-लहर, 4. फल, 5. चिंगारी, 6. कुदाल, 7. अभागे लोगों, 8. ज़ख़्मी दिल वालों, 9. आसमानों, 10. सुबह, 11. क्षितिज, 12. चिंगारियाँ, 13. उषा।

यहीं पे क़ातिल दुखों के तेशे
क़तार अन्दर क़तार किरनों
के आतशीं[1] हार बन गए हैं

ये ग़म जो इस रात ने दिया है
ये ग़म सहर का यक़ीं[2] बना है
यक़ीं जो ग़म से करीमतर[3] है
सहर जो शब से अज़ीमतर है

दर्द आएगा दबे पाँव

और कुछ देर में जब फिर मेरे तन्हा दिल को
फ़िक्र आ लेगी के: तन्हाई का क्या चारा[4] करे
दर्द आएगा दबे पाँव, लिये सुर्ख़ चिराग़
वो: जो एक दर्द धड़कता है कहीं दिल से परे

शोला-ए-दर्द जो पहलू में लपक उट्ठेगा
दिल की दीवार पे हर नक़्श[5] दमक उट्ठेगा
हलक़ा-ए-ज़ुल्फ़[6] कहीं, गोशा-ए-रुख़्सार[7] कहीं
हिज्र का दश्त[8] कहीं, गुलशन-ए-दीदार[9] कहीं
लुत्फ़ की बात कहीं, प्यार का इक़रार कहीं

---

1. आग के, 2. विश्वास, 3. अधिक दयालु, 4. इलाज, 5. छवि, 6. ज़ुल्फ़ों का घेरा, 7. गालों का कोना, 8. विरह का जंगल, 9. दर्शन की बहार।

दिल से फिर होगी मेरी बात केः ऐ दिल ऐ दिल
येः जो महबूब बना है तेरी तन्हाई का
येः तो मेहमाँ है घड़ी भर का चला जायेगा
इससे कब तेरी मुसीबत का मदावा[1] होगा

मुश्तइल[2] होके अभी उट्ठेंगे वहशी साए
येः चला जाएगा रह जाएँगे बाक़ी साए
रात भर जिन से तेरा ख़ून ख़राबा होगा

जंग ठहरी है कोई खोल नहीं है ऐ दिल
दुशमन-ए-जाँ हैं सभी सारे के सारे क़ातिल
ये कड़ी रात भी, ये लाए भी, तन्हाई भी

दर्द और जंग में कुछ मेल नहीं है ऐ दिल
लाओ सुलगाओ कोई जोश-ओ-ग़ज़ब का अंगार[3]
तैश की आतिश-ए-जर्रार[4] कहाँ है लाओ
वोः दहकता हुआ गुलज़ार कहाँ है लाओ
जिसमें गर्मी भी है, हरकत[5] भी, तवानाई भी
हो ना हो अपने क़बीले का भी कोई लश्कर
मुंतज़िर होगा, अँधेरों की फ़सीलों[6] के उधर
उन को शोलों के रजज़[7] अपना पता तो देंगे
ख़ैर हम तक वोः ना पहुँचें भी सदा[8] तो देंगे
दूर कितनी है अभी सुब्ह, बता तो देंगे।

---

1. इलाज, 2. उत्तेजित, 3. उत्तेजना व क्रोध की अग्नि, 4. तेज़ आग, 5. गति, 6. प्राचीरों, 7. वीर गाथा, 8. आवाज़।

येः फ़स्ल उमीदों की हमदम

सब काट दो
बिस्मिल[1] पौधों को
बेआब[2], सिसकते मत छोड़ो
सब नोच लो
बेकल फूलों को
शाख़ों पे बिलकते मत छोड़ो
येः फ़स्ल उमीदों की हमदम
इस बार भी ग़ारत जायेगी
सब मेहनत, सुब्हों शामों की
अब के भी अकारत[3] जायेगी

खेती के कोनों, खुदरों में
फिर अपने लहू की खाद भरो
फिर मिट्टी सींचो अश्कों से
फिर अगली रुत की फ़िक्र करो

फिर अगली रुत की फ़िक्र करो
जब फिर इक बार उजड़ना है
इक फ़स्ल पकी तो भर पाया
जब तक तो यही कुछ करना है

---

1. मृत, 2. जल बिना, 3. व्यर्थ।

कोई आशिक़ किसी महबूबा से

याद की राहगुज़र जिस पे इसी सूरत से
मुद्दतें बीत गई हैं तुम्हें चलते चलते
ख़त्म हो जाए जो दो चार क़दम और चलो
मोड़ पड़ता है जहाँ दश्त-ए-फ़रामोशी[1] का
जिससे आगे न कोई मैं हूँ न कोई तुम हो

साँस थामे हैं निगाहें केः न जाने किस दम
तुम पलट आओ, गुज़र जाओ, या मुड़कर देखो

गरचेः[2] वाक़िफ़ हैं निगाहें केः येः सब धोखा है
गर कहीं तुमसे हम-आग़ोश[3] हुई फिर से नज़र
फूट निकलेगी वहाँ और कोई राहगुज़र
फिर उसी तरहा जहाँ होगा मुक़ाबिल पैहम[4]
साया-ए-ज़ुल्फ़ का और जुंबिश-ए-बाज़ू[5] का सफ़र

दूसरी बात भी झूठी है केः दिल जानता है
याँ कोई मोड़, कोई दश्त, कोई घात नहीं
जिसके परदे में मेरा माह-ए रवाँ[6] डूब सके
तुमसे चलती रहे येः राह, यूँ ही अच्छा है
तुमने मुड़कर भी न देखा तो कोई बात नहीं

---

1. विस्मृति का वन, 2. यद्यपि, 3. आलिंगित, 4. निरंतर सामने, 5. हाथ का हिलना, 6. गतिवान चाँद ।

शाम

इस तरह है के: हर इक पेड़ कोई मंदिर है
कोई उजड़ा हुआ बेनूर पुराना मंदिर
ढूँढ़ता है जो ख़राबी के बहाने कब से
चाक हर बाम, हर इक दर का दम-ए-आख़िर[1] है
आसमाँ कोई पुरोहित है जो हर बाम तले
जिस्म पर राख मले, माथे पे सिंदूर मले
सरनिगूँ[2] बैठा है चुपचाप न जाने कब से

इस तरह है के: पस-ए-पर्दा[3] कोई साहिर[4] है
जिसने आफ़ाक़[5] पे: फैलाया है यूँ सह् र का दाम[6]
दामन-ए-वक़्त से पैवस्त[7] है यूँ दामन-ए-शाम
अब कभी शाम बुझेगी नः अँधेरा होगा
अब कभी रात ढलेगी नः सवेरा होगा

आसमाँ आस लिये है के: येः जादू टूटे
चुप की ज़ंजीर कटे, वक़्त का दामन छूटे
दे कोई शंख दुहाई, कोई पायल बोले
कोई बुत जागे, कोई साँवली घूँघट खोले।

---

1. आख़िरी साँस, 2. सर झुकाये, 3. पर्दे के पीछे, 4. जादूगर, 5. आकाश, 6. मायाजाल, 7. जुड़ा हुआ।

तुम येः कहते हो अब कोई चारा नहीं

तुम येः कहते हो वोः जंग हो भी चुकी
जिसमें रक्खा नहीं है किसी ने क़दम
कोई उतरा नः मैदाँ में दुश्मन न हम
कोई सफ़[1] बन न पाई न कोई अलम[2]
मुंतशिर[3] दोस्तों को सदा[4] दे सका
अजनबी दुश्मनों का पता दे सका
तुम ये कहते हो वोः जंग हो भी चुकी
जिसमें रक्खा नहीं हमने अब तक क़दम

तुम ये कहते हो अब कोई चारा नहीं
जिस्म ख़स्ता[5] है, हाथों में यारा[6] नहीं

अपने बस का नहीं बार-ए-संग-ए-सितम[7]
बार-ए-संग-ए-सितम, बार-ए-कोहसार-ए-ग़म[8]
जिसको छूकर सभी इक तरफ़ हो गये
बात की बात में ज़ी-शरफ[9] हो गये

दोस्तो, कू-ए-जानाँ[10] की ना-महरबाँ
ख़ाक पर अपने रौशन लहू की बहार
अब न आयेगी क्या ? अब खिलेगा न क्या
उस कफ़-ए-नाज़नीं[11] पर कोई लाला-ज़ार

---

1. पंक्ति (युद्ध के लिए), 2. पताका, 3. बिखरे हुए, 4. आवाज़, 5. घायल, 6. शक्ति, 7. पहाड़ रूपी अत्याचार का बोझ, 8. दुख के पहाड़ का बोझ, 9. श्रेयस्कर, 10. प्रेमिका की गली, 11. सुन्दरी का हाथ ।

इस हज़ीं[1] ख़ामशी में न लौटेगा क्या
शोर-ए-आवाज़-ए-हक़[2], नारा-ए-गीर-ओ-दार[3]

शौक़ का इम्तहाँ जो हुआ सो हुआ
जिस्म-ओ-जाँ का ज़ियाँ[4] जो हुआ सो हुआ
सूद से पेश्तर[5] है ज़ियाँ और भी
दोस्तो, मातम-ए-जिस्म-ओ-जाँ[6] और भी
और भी तल्ख़-तर[7] इम्तहाँ और भी

क़ैद-ए-तन्हाई

दूर आफ़ाक़[8] पे लहराई कोई नूर की लहर
ख़्वाब ही ख़्वाब में बेदार[9] हुआ दर्द का शहर
ख़्वाब ही ख़्वाब में बेताब नज़र होने लगी
अद्म-आबाद-ए-जुदाई[10] में सहर होने लगी
कासा-ए-दिल[11] में भरी अपनी सुबूही[12] मैंने
घोलकर तल्ख़ी-ए-दीरोज़[13] में इमरोज़[14] का ज़हर

दूर आफ़ाक़ पे: लहराई कोई नूर की लहर
आँख से दूर किसी सुबह की तम्हीद[15] लिये

---

1. उदास, 2. सत्य के स्वर की गूँज, 3. शहीद होने (फाँसी व फंदे) का नारा, 4. नुक़सान, 5. पहले, 6. शरीर व जान का शोक, 7. कड़वा, 8. आसमान, 9. जागा, 10. विरह का यमलोक, 11. दिल का प्याला, 12. सुबह पीने की शराब, 13. कल की कड़वाहट, 14. आज, 15. प्रस्तावना।

कोई नग़मा, कोई ख़ुशबू, कोई काफ़िर सूरत
अद्म-आबाद-ए-जुदाई में मुसाफ़िर सूरत
बेख़बर गुज़री, परेशानी-ए-उम्मीद लिये
घोल कर तल्ख़ी-ए-दीरोज़ में इमरोज़ का ज़हर

हसरत-ए-रोज़-ए-मुलाक़ात रक़म[1] की मैंने
देस-परदेस के यारान-ए-क़दहख़्वार[2] के नाम
हुस्न-ए-आफ़ाक़, जमाल[3]-ए-लब-ओ-रुख़्सार के नाम

हम्द [4]

मलिका-ए-शह्र-ए-ज़िंदिगी तेरा
शुक्र किस तौर से अदा कीजे
दौलत-ए-दिल का कुछ शुमार[5] नहीं
तंगदस्ती[6] का क्या गिला कीजे
        जो तेरे हुस्न के फ़क़ीर हुए
        उन को तशवीश-ए-रोज़गार[7] कहाँ
        दर्द बेचेंगे गीत गायेंगे
        इससे ख़ुशवक़्त[8] कारोबार कहाँ ?
जाम छलका तो जम गई महफ़िल
मिन्नत-ए-लुत्फ़-ए-ग़म-गुसार[9] किसे ?
अश्क टपका तो खिल गया गुलशन
रंग-ए-कमज़रफ़ी[10]-ए-बहार किसे ?

---

1. लिखी, 2. पीने वाले यारों, 3. सौन्दर्य, 4. स्तुति गान, 5. गिनती, 6. दरिद्रता, 7. काम की चिंता, 8. अच्छा, 9. सहानुभूति करने वाले की खुशामद, 10. ओछेपन का दुख।

ख़ुशनशीं[1] हैं केः चश्म[2]-ओ-दिल की मुराद
दैर[3] में है नः ख़ानक़ाह[4] में है
हम कहाँ क़िस्मत आज़माने जायें
हर सनम अपनी बारगाह[5] में है
कौन ऐसा ग़नी[6] है जिससे कोई
नक़्द-ए-शम्स-ओ-क़मर[7] की बात करे
जिसको शौक़-ए-नबर्द[8] हो हमसे
जाए तस्ख़ीर-ए-कायनात[9] करे

दो मर्सिये [10]

1. मुलाक़ात मेरी

सारी दीवार सियह हो गई ता हल्क़ा-ए-बाम[11]
रास्ते बुझ गये, रुख़सत[12] हुए रहगीर तमाम
अपनी तन्हाई से गोया हुई[13] फिर रात मेरी
हो नः हो आज फिर आई है मुलाक़ात मेरी
इक हथेली पे हिना[14], एक हथेली पे लहू
इक नज़र ज़हर लिये, एक नज़र में दारू

---

1. आराम से बैठे हुए, 2. आँख, 3. मंदिर, 4. सूफ़ियों का आश्रम, 5. दरबार, 6. धनवान, 7. चाँद सूरज रूपी दौलत, 8. लड़ने की आरज़ू, 9. विश्व विजय, 10. मर्सिया—वह शोक गीत जो किसी की मृत्यु का शोक मनाने के लिए लिखा या पढ़ा जाता है, 11. ऊपरी घेरे तक, 12. विदा, 13. बोली, 14. मेंहदी।

देर से मंज़िल-ए-दिल में कोई आया न गया
फ़ुर्क़त-ए-दर्द में बे-आब हुआ तख़्ता-ए-दाग़[1]
किससे कहिये के: भरे रंग से ज़ख़्मों के अयाग़[2]
और फिर ख़ुद ही चली आई मुलाक़ात मेरी
आशना[3] मौत, जो दुश्मन भी है, ग़मख़्वार भी है
वो: जो हम लोगों की क़ातिल भी है, दिलदार भी है

2. ख़त्म हुई बारिश-ए-संग

नागहाँ[4] आज मेरे तार-ए-नज़र से कट कर
टुकड़े-टुकड़े हुए आफ़ाक़[5] पे ख़ुर्शीद-ओ-क़मर[6]
अब किसी सिम्त[7] अँधेरा न: उजाला होगा
बुझ गई दिल की तरह राह-ए-वफ़ा मेरे बाद
दोस्तो क़ाफ़िला-ए-दर्द का अब क्या होगा

अब कोई और करे परवरिश-ए-गुलशन-ए-ग़म[8]
दोस्तो, ख़त्म हुई दीदा-ए-तर की शबनम[9]
थम गया शोर-ए-जुनूँ, ख़त्म हुई बारिश-ए-संग[10]
ख़ाक-ए-रह आज लिये है लब-ए-दिलदार का रंग
कू-ए-जानाँ में खुला मेरे लहू का परचम[11]
देखिये, देते हैं किस-किस को सदा मेरे बाद
''कौन होता है हरीफ़-ए-मय-ए-मर्द अफ़गन-ए-इश्क़[12]
है मुक़र्रर[13] लब-ए-साक़ी पे सला[14] मेरे बाद''

---

1. (दिल के) दाग़ों का चमन, 2. जाम, 3. परिचित, 4. अचानक, 5. आसमान, 6. सूरज व चाँद, 7. दिशा, 8. ग़म की वाटिका की देखभाल, 9. भीगी आँखों की ओस, 10. पत्थरों की वर्षा, 11. ध्वज, 12. मर्दों को पछाड़नेवाली इश्क़ की शराब से टक्कर लेनेवाला, 13. बार-बार, 14. पुकार।

कहाँ जाओगे

और कुछ देर में लुट जाएगा हर बाम पे चाँद
अक्स[1] खो जाएँगे, आईने तरस जायेंगे
अर्श के दीदा-ए-नमनाक[2] से बारी बारी
सब सितारे सर-ए-ख़ाशाक[3] बरस जायेंगे
आस के मारे थके हारे शबिस्तानों[4] में
अपनी तन्हाई समेटेगा, बिछायेगा कोई
बे-वफ़ाई की घड़ी तर्क-ए-मुदारात[5] का वक़्त
इस घड़ी अपने सिवा याद न आयेगा कोई
तर्क-ए-दुनिया[6] का समाँ, ख़त्म-ए-मुलाक़ात का वक़्त
इस घड़ी ऐ दिल-ए-आवारा कहाँ जाओगे

इस घड़ी कोई किसी का भी नहीं, रहने दो
कोई इस वक़्त मिलेगा ही नहीं, रहने दो
और मिलेगा भी तो इस तौर के: पछताओगे
इस घड़ी ऐ दिल-ए-आवारा कहाँ जाओगे

और कुछ देर ठहर जाओ के: फिर नश्तर-ए-सुब्ह
ज़ख़्म की तरहा हर इक आँख को बेदार[7] करे
और हर कुश्ता-ए-वामान्दगी-ए-आख़िर-ए-शब[8]
भूल कर साअत-ए-दर्मान्दगी-ए-आख़िर-ए-शब[9]
जान पहचान मुलाक़ात पे इसरार[10] करे

---

1. छवि, 2. आकाश की भीगी आँखों, 3. घास-फूस पर, 4. शयन-कक्ष, 5. आदर-सम्मान को त्यागना, 6. विश्व-त्याग, 7. जगाये, 8. पिछले पहर की शिथिलता का मारा हुआ, 9. पिछले पहर की बेकसी के क्षण, 10. आग्रह।

गीत : जब तेरी समंदर आँखों में

ये: धूप किनारा, शाम ढले
मिलते हैं दोनों वक़्त जहाँ
जो रात न: दिन, जो आज न: कल
पल भर को अमर, पल भर में धुआँ
इस धूप किनारे पल दो पल
होंठों की लपक, बाहों की छनक
ये: मेल हमारा, झूठ न: सच
क्यूँ राड़ करो, क्यूँ दोष धरो
किस कारन झूठी बात करो
जब तेरी समंदर आँखों में
इस शाम का सूरज डूबेगा
सुख सोएँगे घर दर वाले
और राही अपनी रह[1] लेगा

रंग है दिल का मेरे

तुम न: आये थे तो हर चीज वही थी के: जो है
आसमाँ हद्द-ए-नज़र,[2] राहगुज़र राहगुज़र,
शीशा-ए-मय, शीशा-ए-मय[3]
और अब शीशा-ए-मय, राहगुज़र, रंग-ए-फ़लक[4]
रंग है दिल का मेरे, ''ख़ून-ए-जिगर होने तक''

---

1. राह का संक्षिप्त रूप, 2. दृष्टि सीमा, 3. जाम, 4. आकाश का रंग।

चंपई रंग कभी, राहत-ए-दीदार[1] का रंग
सुर्मई रंग केः है साअ'त-ए-बेज़ार[2] का रंग
ज़र्द पत्तों का ख़स-ओ-ख़ार[3] का रंग
सुर्ख़ फूलों का दहकते हुए गुलज़ार का रंग
ज़हर का रंग, लहू रंग, शब-ए-तार[4] का रंग
आसमाँ, राहगुज़र, शीशा-ए-मय
कोई भीगा हुआ दामन, कोई दुखती हुई रग
कोई हर लहज़ा[5] बदलता हुआ आईना है

अब जो आये हो तो ठहरो केः कोई रंग, कोई रुत, कोई शै[6]
एक जगह पर ठहरे
फिर से इक बार हर इक चीज़ वही हो केः जो है
आसमाँ हद्द-ए-नज़र राहगुज़र, राहगुज़र,
शीशा-ए-मय, शीशा-ए-मय

पास रहो

तुम मेरे पास रहो
मेरे क़ातिल, मेरे दिलदार, मेरे पास रहो
जिस घड़ी रात चले
आसमानों का लहू पी के सियह[7] रात चले
मर्हम-ए-मुश्क[8] लिये नश्तर-ए-अल्मास[9] लिये
बैन करती हुई, हँसती हुई, गाती निकले
दर्द की कासनी पाज़ेब[10] बजाती निकले

---

1. दर्शन का सुख, 2. विमुखता के क्षण, 3. घास व काँटे, 4. अँधेरी रात, 5. क्षण, 6. वस्तु, 7. काली, 8. सुगंध का मरहम, 9. हीरे का नश्तर, 10. पाँव का आभूषण।

जिस घड़ी सीनों में डूबे हुए दिल
आस्तीनों में निहाँ[1] हाथों की रह तकने लगें
आस लिये
और बच्चों के बिलखने की तरह क़ुलक़ुल-ए-मय[2]
बह्र-ए-नासूदगी[3] मचले तो मनाये नः मने
जब कोई बात बनाये नः बने
जब न कोई बात चले
जिस घड़ी रात चले
जिस घड़ी मातमी सुनसान, सियह रात चले
पास रहो
मेरे क़ातिल, मेरे दिलदार, मेरे पास रहो

मंज़र[4]

रहगुज़र, साये, शजर[5], मंज़िल-ओ-दर, हल्क़ा-ए-बाम[6]
बाम पर सीना-ए-महताब[7] खुला, आहिस्ता
जिस तरह खोले कोई बंद-ए-क़बा[8], आहिस्ता
हल्क़ा-ए-बाम तले, सायों का ठहरा हुआ नील
नील की झील
झील में चुपके से तेरा किसी पत्ते का हबाब[9]
एक पल तैरा, चला, फूट गया, आहिस्ता
बहुत आहिस्ता, बहुत हल्का, ख़ुनक[10] रंग-ए-शराब

1. छुपे हुए, 2. शराब ढलने का स्वर, 3. निराशा के कारण, 4. दृश्य, 5. वृक्ष, 6. अटारी, 7. चन्द्रमा का सीना, 8. अंगरखे के बंद, 9. बुलबुला, 10. शीतल ।

मेरे शीशे में ढला, आहिस्ता
शीशा-ओ-जाम, सुराही, तेरे हाथों के गुलाब
जिस तरह दूर किसी ख़्वाब का नक़्श[1]
आप ही आप बना, और मिटा, आहिस्ता

दिल ने दुहराया कोई हर्फ़-ए-वफ़ा[2] आहिस्ता
तुमने कहा ''आहिस्ता''
चाँद ने झुक के कहा
''और ज़रा आहिस्ता''

सर-ए-वादी-ए-सीना

इन्तिसाब[3]

आज के नाम
और
आज के ग़म के नाम
आज का ग़म के: है ज़िंदगी के भरे गुलसिताँ से ख़फ़ा[4]
ज़र्द पत्तों का बन
ज़र्द पत्तों का बन जो मेरा देस है
दर्द की अंजुमन[5] जो मेरा देस है
किलर्कों की अफ़सुर्दा[6] जानों के नाम

---

1. चिह्न, 2. वफ़ा का शब्द, 3. रचना का समर्पण, 4. खिन्न, 5. सभा, 6. उंदास।

किर्मखुर्दा[1] दिलों और ज़बानों के नाम
पोस्टमैनों के नाम
ताँगेवालों के नाम
रेलबानों के नाम
कारखानों के भोले जियालों के नाम
बादशाह-ए-जहाँ, वाली-ए-मासिवा[2], नायबुल्लाह-ए-
फ़िल-अर्ज़[3], दहक़ाँ[4] के नाम
जिसके ढोरों को ज़ालिम हँका ले गये
जिसकी बेटी को डाकू उठा ले गये
हाथ भर खेत से एक अंगुश्त[5] पटवार ने काट ली है
दूसरी मालिये[6] के बहाने से सरकार ने काट ली है
जिसकी पग ज़ोर वालों के पाँवों तले
धज्जियाँ हो गई है

उन दुखी माओं के नाम
रात में जिनके बच्चे बिलखते हैं और
नींद की मार खाए हुए बाज़ुओं से सँभलते नहीं
दुख बताते नहीं
मिन्नतों ज़ारियों[7] से बहलते नहीं

उन हसीनाओं के नाम
जिनकी आँखों के गुल
चिलमनों[8] और दरीचों[9] की बेलों पे बेकार खिलखिल के
मुर्झा गये हैं

---

1. कीड़ों का खाया हुआ, 2. सर्वोच्च स्वामी, 3. धरती पर ईश्वर का प्रतिनिधि, 4. किसान, 5. उँगली भर, 6. लगान, 7. रोने, 8. परदों, 9. झरोखों।

उन ब्याहताओं के नाम.
जिनके बदन
बे-मुहब्बत रियाकार[1] सेजों पे सज-सज के उकता गये हैं
बेवाओं[2] के नाम
कटड़ियों[3] और गलियों, मुहल्लों के नाम
जिनकी नापाक ख़ाशाक[4] से चाँद रातों
को आ-आ के करता है अक्सर वज़ू[5]
जिनके सायों में करती है आह-ओ-बुका[6]
आँचलों की हिना
चूड़ियों की खनक
काकुलों[7] की महक
आरज़ूमंद सीनों की अपने पसीने में जलने की बू

तालिबइल्मों[8] के नाम
वो जो असहाब-ए-तब्ल-ओ-अलम[9]
के दरों पर किताब और क़लम
का तक़ाज़ा लिये, हाथ फैलाये
पहुँचे, मगर लौटकर घर न आये
वो: मासूम जो भोलपन में
वहाँ अपने नन्हें चिरागों में लौ की लगन
ले के पहुँचे, जहाँ
बँट रहे थे घटाटोप, बेअंत रातों के साये

उन असीरों[10] के नाम
जिनके सीनों में फ़र्दा[11] के शबताब गौहर[12]

---

1. दुष्टतापूर्ण, 2. विधवाओं, 3. मकानों का समूह (पंजाबी), 4. कूड़ा-करकट, 5. नमाज के लिए हाथ-पैर धोकर पवित्र करना, 6. बैन, 7. ज़ुल्फ़ों, 8. छात्रों, 9. नगाड़े व पताका के मालिक, 10. बंदियों, 11. भविष्य, 12. रात को चमकनेवाले हीरे।

जेलख़ानों की शोरीदा[1] रातों की सरसर में
जल जल के अंजुम-नुमा[2] हो गये हैं

आने वाले दिनों के सफ़ीरों[3] के नाम
वोः जो खुशबू-ए-गुल[4] की तरह
अपने पैग़ाम[5] पर ख़ुद फ़िदा हो गये हैं

यतीम लहू

कहीं नहीं है, कहीं भी नहीं लहू का सुराग़[6]
नः दस्त-ओ-नाख़ून-ए-क़ातिल[7] न आस्तीं पेः निशाँ
नः सुर्खी-ए-लब-ए-ख़ंजर[8], नः रंग-ए-नोक-ए-सनाँ[9]
नः ख़ाक पर कोई धब्बा नः बाम पर कोई दाग़
कहीं नहीं है, कहीं भी नहीं लहू का सुराग़
नः सर्फ़-ए-ख़िदमत-ए-शाहाँ[10] केः ख़ूँ-बहा[11] देते
नः दीं[12] की नज़्र, केः बेआना-ए-जज़ा[13] देते
नः रज़्मगाह[14] में बरसा केः मो'तबर[15] होता
किसी अलम[16] पे रक़म होके मुश्तहर होता[17]

पुकारता रहा बेआसरा, यतीम लहू
किसी के पास समाअत[18] का वक़्त था न दिमाग़
नः मुद्दई, नः शहादत[19], हिसाब पाक हुआ,
येः ख़ून-ए-ख़ाक नशीनाँ[20] था रिज़्क़-ए-ख़ाक[21] हुआ
कहीं नहीं है, कहीं भी नहीं लहू का सुराग़

---

1. परेशान, 2. सितारों जैसे, 3. दूतों, 4. फूल का महक, 5. संदेश, 6. चिह्न, 7. हत्यारे का हाथ व नाख़ून, 8. खंज़र की नोक की लाली, 9. तलवार की नोक का रंग, 10. राजाओं की सेवा में व्यय होनेवाला धन, 11. ख़ून की क़ीमत, 12. धर्म, 13. पुण्यफल के लिए अग्रिम राशि, 14. रणक्षेत्र, 15. विश्वसनीय, 16. पताका, 17. लिखकर चर्चित होता, 18. सुनवाई, 19. गवाही, 20. तुच्छ लोगों का लहू, 21. मिट्टी की ख़ुराक।

ऐ वतन, ऐ वतन

तेरे पैग़ाम पर, ऐ वतन, ऐ वतन
आ गये हम फ़िदा हो, तेरे नाम पर
तेरे पैग़ाम पर, ऐ वतन, ऐ वतन
नज़्र[1] क्या दें केः हम माल वाले नहीं
आन वाले हैं, इक़बाल[2] वाले नहीं

हाँ येः जाँ है केः सुख जिसने देखा नहीं
या येः तन जिस पे कपड़े का टुकड़ा नहीं
अपनी दौलत यही, अपना धन है यही
अपना जो कुछ भी है, ऐ वतन, है यही
वार देंगे येः सब कुछ तेरे नाम पर
तेरी ललकार पर, तेरे पैग़ाम पर
तेरे पैग़ाम पर, ऐ वतन, ऐ वतन
हम लुटा देंगे जानें तेरे नाम पर

तेरे ग़द्दार ग़ैरत से मुँह मोड़कर
आज फिर ऐरों-ग़ैरों से सर जोड़कर
तेरी इज़्ज़त का भाव लगाने चले
तेरी अस्मत[3] का सौदा चुकाने चले

हम में दम है तो येः करने देंगे नः हम
चाल उनकी कोई चलने देंगे नः हम
तुझको बिकने नः देंगे किसी दाम पर
हम लुटा देंगे जानें तेरे नाम पर
सर कटा देंगे हम तेरे पैग़ाम पर
तेरे पैग़ाम पर, ऐ वतन, ऐ वतन

---

1. भेंट, 2. सौभाग्यशाली, 3. शील ।

यहाँ से शहर को देखो

यहाँ से शहर को देखो तो हल्क़ा-दर-हल्क़ा[1]
खिंची है जेल की सूरत[2] हर एक सिम्त फ़सील[3]
हर एक राहगुज़र गर्दिश-ए-असीराँ[4] है
नः संग-ए-मील[5], नः मंज़िल, नः मुख़लिसी की सबील

जो कोई तेज़ चले रह, तो पूछता है ख़याल
केः टोकने कोई ललकार क्यूँ नहीं आई
जो कोई हाथ हिलाये तो वहम[7] को है सवाल
कोई छनक, कोई झंकर क्यूँ नहीं आई

यहाँ से शहर को देखो तो सारी ख़ल्क़त[8] में
नः कोई साहिब-ए-तमकीं[9], न कोई वाली-ए-होश[10]
हरएक मर्द-ए-जवाँ मुजरिम-ए-रसन-ब-गुलू[11]
हरइक हसीना-ए-रा'ना[12] कनीज़-ए-हल्क़ा-ब-गोश[13]

जो साये दूर चिराग़ों के गिर्द लरज़ाँ हैं[14]
नः जाने महफ़िल-ए-ग़म है केः बज़्म-ए-जाम-ओ-सुबू[15]
जो रंग हर दर-ओ-दीवार पर परीशाँ[16] हैं
यहाँ से कुछ नहीं खुलता—ये फूल हैं केः लहू

---

1. घेरे के अंदर घेरे, 2. जेल की तरह, 3. चारदीवारी, 4. क़ैदियों के भाग्य का फेर, 5. मील का पत्थर, 6. छुटकारे का रास्ता, 7. आशंका, 8. आबादी, 9. मर्यादावान, 10. सचेत बुद्धि, 11 गले में रस्सी से बँधा हुआ मुज़रिम, 12. सुन्दरी, 13. कानों में (दासता के प्रतीक) कुंडल पहने हुए दासी, 14. काँप रहे हैं, 15. शराब की महफ़िल, 16. फैला हुआ।

ग़म नः कर, ग़म नः कर

दर्द थक जाएगा, ग़म नः कर, ग़म नः कर
यार लौट आएँगे, दिल ठहर जाएगा, गम नः कर, ग़म नः कर
ज़ख़्म भर जाएगा
ग़म नः कर, ग़म नः कर
दिन निकल आएगा
ग़म नः कर, ग़म नः कर
अब्र[1] खुल जाएगा, रात ढल जाएगी
ग़म नः कर, ग़म नः कर
रुत बदल जाएगी
गम नः कर, गम नः कर।

ब्लैक आउट

जब से बे-नूर हुई हैं शम्एँ
ख़ाक में ढूँढ़ता फिरता हूँ न जाने किस जा[2]
खो गई हैं मेरी दोनों आँखें
तुम जो वाक़िफ़[3] हो बताओ कोई पहचान मेरी

इस तरह है केः हर इक रंग में उतर आया है
मौज-दर-मौज[4] किसी ज़हर का क़ातिल दरिया
तेरा अरमान, तेरी याद लिये जान मेरी

जाने किस मौज में ग़ल्ताँ[5] है कहाँ दिल मेरा
एक पल ठहरो केः उस पार किसी दुनिया से
बर्क़[6] आये मेरी जानिब, यद-ए-बैज़ा[7] लेकर
और मेरी आँखों के गुमगश्ता गुहर[8]

---

1. बादल, 2. ओर, 3. परिचित, 4. हर लहर में, 5. उलझा हुआ, 6. (आकाश की) बिजली, 7. प्रकाशमय हाथ, 8. खोये हुए मोती।

जाम-ए-ज़ुल्मत[1] से सियह मस्त
नई आँखों के शबताब गुहर[2]
लौटा दे

एक पल ठहरो केः दरिया का कहीं पाट लगे
और नया दिल मेरा
ज़हर में धुल के, फ़ना हो के
किसी घाट लगे
फिर पय-ए-नज़्र[3] नये दीदा-ओ-दिल[4] ले के चलूँ
हुस्न की मदह[5] करूँ, शौक़ का मज़मूँ[6] लिक्खूँ

सिपाही का मर्सिया[7]

उट्ठो अब माटी से उट्ठो
जागो मेरे लाल·
अब जागो मेरे लाल
तुम्हारी सेज सजावन कारन
देखो आई रैन अँधियारन

नीले शाल दोशाले लेकर
जिनमें इन दुखियन अँखियन ने
ढेर किये हैं इतने मोती
इतने मोती जिन की ज्योति
दान से तुम्हारा
जगमग लागा
नाम चमकने

उट्ठो अब माटी से उट्ठो
जागो मेरे लाल

---

1. अंधकार, 2. रात्रि में चमकने वाले मोती, 3. भेंट देने हेतु, 4. आँखें व दिल
5. प्रशंसा, 6. प्रेम के विषय पर, 7. सिपाही की मृत्यु का शोक गीत ।

अब जागो मेरे लाल
घर घर बिखरा भोर का कुन्दन
घोर अँधेरा अपना आँगन
जाने कब से राह तके हैं
बाली दुल्हनिया, बाँके वीरन
सूना तुम्हरा राज पड़ा है
देखो कितना काज पड़ा है

बैरी बिराजे राज सिंहासन
तुम माटी में लाल
उट्ठो अब माटी से उट्ठो, जागो मेरे लाल
हठ न करो माटी से उट्ठो, जागो मेरे लाल
अब जागो मेरे लाल

सोचने दो

इक ज़रा सोचने दो
इस ख़याबाँ में[1]
जो इस लहज़ा[2] बियाबाँ[3] भी नहीं
कौन सी शाख़ में फूल आये थे सबसे पहले
कौन बे-रंग हुई रंज-ओ-तअब[4] से पहले
और अब से पहले
किस घड़ी कौन से मौसम में यहाँ
ख़ून का क़हत[5] पड़ा
गुल की शहरग[6] पे कड़ा
वक़्त पड़ा
सोचने दो

---

1. हरियाली का क्षेत्र, 2. क्षण, 3. सुनसान जंगल, 4. दुख व थकन, 5. अकाल, 6. मुख्य रंग।

इक ज़रा सोचने दो
येः भरा शहर जो अब वादी-ए-वीराँ[1] भी नहीं
इसमें किस वक़्त कहाँ
आग लगी थी पहले
इसके सफ़बस्ता दरीचों[2] में से किस में अव्वल[3]
ज़ह हुई सुर्ख़ शुआ'ओं की कमाँ[4]
किस जगह जोत जगी थी पहले
सोचने दो

हम से उस देस का तुम नाम-ओ-निशाँ पूछते हो
जिसकी तारीख़ नः जुग़राफ़िया[5] अब याद आये

और याद आए तो महबूब-ए-गुज़श्ता[6] की तरह
रू-ब-रू[7] आने से जी घबराये
हाँ मगर जैसे कोई
ऐसे महबूब या महबूबा का दिल रखने को
आ निकलता है
कभी रात बिताने के लिए
हम अब उस उम्र को आ पहुँचे हैं
जब हम भी यूँ ही
दिल से मिल आते हैं बस रस्म[8] निभाने के लिए
दिल की क्या पूछते हो
सोचने दो

हार्ट अटैक

दर्द इतना था केः उस रात दिल-ए-वहशी ने
हर जंग-ए-जाँ से
उलझना चाहा

---

1. सुनसान घाटी, 2. पंक्तिबद्ध झरोखों, 3. पहले, 4. लाल किरणों की कमान बनी, 5. न इतिहास न भूगोल, 6. भूतपूर्व प्रेम, 7. समक्ष, 8. रीति ।

हर बुंन-ए-मू[1] से टपकना चाहा
और कहीं दूर तेरे सह्न-ए-चमन[2] में गोया[3]
पत्ता-पत्ता मेरे अफ़सुर्दा[4] लहू में ढलकर
हुस्न-ए-महताब से आज़ुर्दा[5] नज़र आने लगा
मेरे वीराना-ए-तन[6] में गोया
सारे दुखते हुए रेशों की तनाबें[7] खुलकर

सिलसिला-वार पता देने लगीं
रुख़्सत-ए-क़ाफ़िला-ए-शौक़[8] की तैयारी का
और जब याद की बुझती हुई शमओं में नजर आया कहीं
एक पल आख़िरी लम्हा तेरी दिलदारी का
दर्द इतना था के उससे भी गुज़रना चाहा
हमने चाहा भी, मगर दिल न ठहरना चाहा

हज़र करो मेरे तन से

सजे तो कैसे सजे क़त्ल-ए-आम का मेला ?
किसे लुभायेगा मेरे लहू का वावेला[9]
मेरे नज़ार[10] बदन में लहू ही कितना है
चिराग़ हो कोई रौशन न कोई जाम भरे
न उससे आग ही भड़के न कोई प्यास बुझे
मेरे फ़िगार[11] बदन में लहू ही कितना है

मगर वो ज़हर-ए-हलाहल भरा है नसनस में
जिसे भी छेदो हर एक बूँद क़हर-ए-अफ़अई[12] है
हर इक कशीद[13] है सदियों के दर्द-ओ-हसरत की
हर इक में मुहर-ब-लब[13] ग़ैज-ओ-ग़म[15] की गर्मी है

1. रोम-रोम, 2. वाटिका, 3. जैसे, 4. उदास, 5. दुखी, 6. शरीर की निर्जनता, 7. कसे हुए बंधन, 8. प्रेम के कारवाँ की विदाई, 9. हाहाकार, 10. कमज़ोर, 11. ज़ख़्मी, 12. सर्पदंश की भीषण यातना 13. खींचा हुआ (नशा), 14. मुहरबन्द, 15. क्रोध व संताप।

हज़र करो[1] मेरे तन से, ये सम[2] का दरिया है
हज़र करो के: मेरा तन वो: चोब-ए-सहरा[3] है

जिसे जलाओ तो सहन-ए-चमन में दहकेंगे
बजा-ए-सर्व-ओ-समन[4] मेरी हड्डियों के बबूल
इसे बखेरा तो दस्त-ओ-दमन[5] में बिखरेगी
बजा-ए-मुश्क-ए-सबा[6] मेरी जान-ए-ज़ार[7] की धूल
हज़र करो के: मेरा दिल लहू का प्यासा है ।

तह-ब-तह दिल की कदूरत

तह-ब-तह दिल की कदूरत[8]
मेरी आँखों में उमँड आई तो कुछ चारा न: था
चारागर[9] की मान ली
और मैंने गर्द-आलूद आँखों[10] को लहू से धो लिया
मैंने गर्द-आलूद आँखों को लहू से धो लिया

और अब हर शक्ल-ओ-सूरत
आलम-ए-मौजूद की तरह हर एक शै[11]
मेरी आँखों के लहू से इस तरह हमरंग[12] है
ख़ुर्शीद[13] का कुन्दन लहू
महताब की चाँदी लहू
सुब्हों का हँसना भी लहू
रातों का रोना भी लहू

---

1. बचो, डरो, 2. ज़हर, 3. जंगल की लकड़ी, 4. फूलों के स्थान पर, 5. जंगल, वीराने, 6. सुगंधित वायु, 7. कमज़ोर जान, 8. द्वेष भावना, 9. चिकित्सक, 10. गर्द से लिपटी हुई, 11. इस संसार की हर वस्तु, 12. साथ रँगी है, 13. सूरज ।

हर शजर मीनार-ए-ख़ूँ, हर फूल खूनीं दीदा है[1]
हर नज़र एक तार-ए-ख़ूँ, हर अक्स ख़ूँ-मालीदा है[2]

मौज-ए-खूँ[3] जब तक रवाँ[4] रहती है उसका सुर्ख़ रंग
जज़्बा-ए-शौक़-ए-शहादत[5], दर्द ग़ैज़-ओ-ग़म[6] का रंग
और थम जाये तो कजला कर
फ़क़त नफ़रत का, शब का, मौत का
हर रंग के मातम[7] का रंग

चारागर ऐसा नः होने दे
कहीं से ला कोई सैलाब-ए-अश्क[8]
जिससे वज़ू
कर लें तो शायद धुल सके
मेरी आँखों, मेरी गर्द-आलूद आँखों का लहू

तीरगी जाल है

तीरगी[9] जाल है और भाला है नूर
इक शिकारी है दिन, इक शिकारी है रात
जग समंदर है जिसमें किनारे से दूर
मछलियों की तरह इब्न-ए-आदम की ज़ात[10]

---

1. हर पेड़ ख़ून का मीनार व हर फूल ख़ून की आँख है, 2. हर आँख ख़ून का तारा व हर छवि ख़ून में सनी हुई है, 3. ख़ून की लहर, 4. बहती, 5. आहुति देने की भावना, 6. क्रोध, आवेश और संताप, 7. बैन, 8. आँसुओं की बाढ़, 9. अँधेरा, 10. मानव-पुत्र का अस्तित्व।

जग समंदर है, साहिल पे हैं माहीगीर[1]
जाल थामे कोई, कोई भाला लिये
मेरी बारी कब आयेगी क्या जानिये
दिन के भाले से मुझ को करेंगे शिकार
रात के जाल में या करेंगे असीर[2] ?

शाम-ए-शहर-याराँ

मेरे दर्द को जो ज़बाँ मिले

मेरा दर्द नग़मा-ए-बे-सदा[3]
मेरी ज़ात[4] जर्रा-ए-बे-निशाँ[5]
मेरे दर्द को जो ज़बाँ मिले
मुझे अपना नाम-ओ-निशाँ मिले

मेरी ज़ात का जो निशाँ मिले
मुझे राज़-ए-नज़्म-ए-जहाँ[6] मिले
जो मुझे येः राज़-ए-निहाँ[7] मिले
मेरी ख़ामशी को बयाँ मिले
मुझे कायनात की सरवरी[8]
मुझे दौलत-ए-दो-जहाँ[9] मिले

---

1. शिकारी (मछलियों के), 2. बन्दी बनाना, 3. बे-आवाज़ गीत, 4. अस्तित्व. 5. बेनिशान कण, 6. विश्व-व्यवस्था का रहस्य, 7. छुपा हुआ, 8. विश्व की बादशाही, 9. दोनों विश्व ।

पाँवों से लहू को धो डालो

हम क्या करते किस रह चलते
हर राह में काँटे बिखरे थे
उन रिश्तों के जो छूट गये
उन सदियों के यारानों के
जो इक-इक करके टूट गये

जिस राह चले जिस सिम्त[1] गये
यूँ पाँव लहू-लुहान हुए
सब देखने वाले कहते थे
ये: कैसी रीत रचाई है
ये: मेंहदी क्यूँ लगवाई है
वो: कहते थे, क्यूँ क़हत-ए-वफ़ा[2]
का नाहक़[3] चर्चा करते हो
पाँवों से लहू को धो डालो

ये: रातें जब अट जायेंगी
सौ रस्ते इन से फूटेंगे
तुम दिल को सँभालो जिसमें अभी
सौ तरह के नश्तर टूटेंगे

---

1. ओर, 2. वफ़ादारी का अकाल, 3. अनुचित।

ऐ शाम मेह्रबाँ हो !

ऐ शाम मेह्रबाँ हो
ऐ शाम-ए-शह्र-याराँ[1]
हम पे मेह्रबाँ हो

दोज़ख़ी[2] दोपहर सितम की
बेसबब[3] सितम की
दोपहर दर्द-ओ-ग़ैज़[4]-ओ-ग़म की
बे-ज़बाँ दर्द-ओ-ग़ैज़-ओ-ग़म की

इस दोज़ख़ी दोपहर के ताज़ियाने[5]
आज तन पर धनक की सूरत
क़ौस[6]-दर-क़ौस बट गये हैं
ज़ख़्म सब खुल गए हैं जिनको
दाग़ जाना था, छट गये हैं

तेरे तोशे[7] में कुछ तो होगा
मरहम-ए-दर्द का दुशाला
तन के उस अंग पे उढ़ा दे
दर्द सबसे सिवा जहाँ हो
ऐ शाम मेह्रबाँ हो
ऐ शाम-ए-शहर-याराँ
हम पे मेह्रबाँ हो

---

1. बादशाहों की शाम, 2. नरक की, 3. बिना कारण, 4. आवेश, 5. कोड़े, 6. धनुष, 7. सामान।

दोज़ख़ी दश्त नफ़रतों के
बेदर्द नफ़रतों के
किर्चियाँ दीदा-ए-हसद[1] की
ख़स-ओ-ख़ाशाक[2] रंजिशों के
इतनी सुनसान शाहराहें
इतनी गुंजान क़त्लगाहें

जिनसे आये हैं हम गुज़र कर
आबला बनके हर क़दम पर
यूँ पाँव कट गये हैं
रस्ते सिमट गये हैं
मख़मलें अपने बादलों की
आज पाँवों तले बिछा दे
शाफ़ी-ए-कर्ब-ए-रह-रवाँ[3] हो
ऐ शाम मेह्‌रबाँ हो

ऐ मह-ए-शब निगाराँ[4]
ऐ रफ़ीक़-ए-दिल फ़िगाराँ[5]
इस शाम हमज़बाँ[6] हो
ऐ शाम मेह्‌रबाँ हो
ऐ शाम मेह्‌रबाँ हो
ऐ शाम-ए-शहर-याराँ
हम पे मेह्‌रबाँ हो

---

1. ईर्ष्यालु दृष्टि, 2. घास-फूस, 3. यात्रियों के दुख को हरनेवाली, 4. रात्रि की रूपसियों के चन्द्रमा, 5. ज़ख़्मी दिलवालों के साथी, 6. अपनी बात समझनेवाला ।

गीत : चलो फिर से मुस्कुराएँ

चलो फिर से मुस्कुराएँ
चलो फिर से दिल जलाएँ
जो गुज़र गई हैं रातें
उन्हें फिर जगा के लाएँ
जो बिसर गई हैं बातें
उन्हें याद में बुलाएँ
चलो फिर से दिल लगाएँ
चलो फिर से मुस्कुराएँ

किसी शह-नशीं[1] पे झलकी
वोः धनक किसी क़बा[2] की
किसी रग में कसमसाई
वोः कसक किसी अदा की
कोई हर्फ़-ए-बे-मुरव्वत[3]
किसी कुंज-ए-लब से फूटा
वोः छनक के शीशा-ए-दिल
तह-ए-बाम फिर से टूटा[4]

येः मिल की,नामिलन की
ये लगन की और जलन की
जो सही हैं वारदातें
जो गुज़र गई हैं रातें
जो बिसर गई हैं बातें

---

1. बैठने का उच्च स्थान, 2. अँगरखा, 3. निष्ठुर, 4. अटारी के नीचे।

कोई इनकी धुन बनाएँ
कोई इनका गीत गाएँ
चलो फिर से मुस्कुराएँ
चलो फिर से दिल जलाएँ

हम तो मजबूर थे इस दिल से

हम तो मजबूर थे इस दिल से केः जिसमें हर दम
गर्दिश-ए-ख़ूँ[1] से वोः कोहराम बपा[2] रहता है
जैसे रिंदान-ए-बलानोश[3] जो मिल बैठें ब-हम[4]
मयक़दे में सफ़र-ए-जाम बपा रहता है

सोज़-ए-ख़ातिर[5] को मिला जब भी सहारा कोई
दाग़-ए-हिरमान[6] कोई दर्द-ए-तमन्ना कोई
मरहम-ए-यास[7] से माइल-ब-शिफ़ा[8] होने लगा
ज़ख़्म-ए-उम्मीद कोई फिर से हरा होने लगा

हम तो मजबूर थे इस दिल से केः जिस की ज़िद पर
हमने उस रात के माथे पेः सहर की तहरीर
जिस के दामन में अँधेरे के सिवा कुछ भी नः था
हमने उस दश्त को ठहरा लिया फ़िरदौस नज़ीर[9]
जिसमें जुज़ संअत-ए-ख़ून-ए-सर-ए-पा[10] कुछ भी नः था

दिल को ताबीर[11] कोई और गवारा ही नः थी
कुल्फ़त-ए-ज़ीस्त[12] तो मंज़ूर थी हर तौर मगर
राहत-ए-मर्ग़[13] किसी तरह गवारा ही नः थी

---

1. रक्त की गति, 2. शोर मचा, 3. बहुत पीनेवाले शराबी, 4. इकट्ठे, 5. दिल की जलन, 6. दुर्भाग्य, 7. निराशा का मरहम, 8. रोगमुक्ति की ओर अग्रसर, 9. स्वर्ग समान, 10. सिर व पैर का ख़ून करने के अतिरिक्त, 11. स्वप्न फल, 12. ज़िंदगी का दुख, 13. मौत का आराम।

ढाका स वापसी पर

हम केः ठहरे अजनबी इतनी मुलाक़ातों के बाद
फिर बनेंगे आशना[1] कितनी मुलाक़ातों के बाद

कब नज़र में आयेगी बे-दाग़ सब्ज़े की बहार
ख़ून के धब्बे धुलेंगे कितनी बरसातों के बाद

थे बहुत बे-दर्द लम्हे ख़त्म-ए-दर्द-ए-इश्क़ के[2]
थी बहुत बे-महर[3] सुब्हें महरबाँ रातों के बाद

दिल तो चाहा पर शिकस्त-ए-दिल[4] ने मोहलत[5] ही न दी
कुछ गिले-शिकवे भी कर लेते, मुनाजातों[6] के बाद

उनसे जो कहने गए थे 'फ़ैज़' जाँ सदक़ा[7] किये
अनकही ही रह गई वोः बात सब बातों के बाद

बहार आई

बहार आई तो जैसे एक बार
लौट आए हैं फिर अदम[8] से
वोः ख़्वाब सारे, शबाब सारे
जो तेरे होंटों पे मर मिटे थे

---

1. परिचित, 2. प्रेम की पीड़ा की समाप्ति के क्षण, 3. निर्दयी, 4. दिल की हार, 5. अवकाश, 6. प्रार्थना-गीत, 7. प्राण न्यौछावर, 8. शून्य लोक।

जो मिट के हर बार फिर जिये थे
निखर गये हैं गुलाब सारे
जो तेरी यादों से मुश्कबू[1] हैं
जो तेरे उश्शाक़[2] का लहू हैं

उबल पड़े हैं अज़ाब[3] सारे
मलाल-ए-अहवाल-ए-दोस्ताँ[4] भी
ख़ुमार-ए-आग़ोश-ए-महवशाँ[5] भी
ग़ुबार-ए-ख़ातिर के बाब[6] सारे
तेरे हमारे
सवाल सारे, जवाब सारे
बहार आई तो खुल गए हैं
नये सिरे से हिसाब सारे !

तुम अपनी करनी कर गुज़रो

अब क्यूँ उस दिन का ज़िक्र करो
जब दिल टुकड़े हो जायेगा
और सारे ग़म मिट जायेंगे
जो कुछ पाया खो जायेगा
जो मिल नः सका वोः पायेंगे

---

1. कस्तूरी गंध, 2. प्रेमियों, 3. यातनाएँ, 4. दोस्तों की दशा का दुख, 5. चन्द्र-बदन प्रेयसियों के आलिंगन का टूटता नशा, 6. दिल की भड़ास के प्रसंग।

ये: दिन तो वही पहला दिन है
जो पहला दिन था चाहत का
हम जिस की तमन्ना करते रहे
और जिससे हर दम डरते रहे
ये: दिन तो कितनी बार आया
सौ बार बसे और उजड़ गये
सौ बार लुटे और भर पाया

अब क्यूँ उस दिन की फ़िक्र करो
जब दिल टुकड़े हो जायेगा
और सारे ग़म मिट जायेंगे
तुम ख़ौफ़-ओ-ख़तर से दरगुज़रो[1]
जो होना है सो होना है
गर हँसना है तो हँसना है
गर रोना है तो रोना है
तुम अपनी करनी कर गुज़रो
जो होगा देखा जायेगा

मोरी अरज सुनो [2]

''मोरी अरज सुनो दस्तगीर[3] पीर''
''माई री कहूँ का से मैं
अपने जिया की पीर''
''नैया बाँधो रे
बाँधो रे कनार-ए-दरिया''
''मोरे मन्दिर अब क्यूँ नहीं आये''

---

1. डर-ख़ौफ़ को अनदेखा कर दो, 2. महान कवि हज़रत अमीर ख़ुसरो को समर्पित, 3. मददगार।

—इस सूरत से
अर्ज़ सुनाते
दर्द बताते
नैया खेते
मिन्नत करते
रास्ता तकते
कितनी सदियाँ बीत गई हैं

अब जाकर येः भेद खुला है
जिसको तुमने अर्ज़ गुज़ारी[1]
जो था हाथ पकड़ने वाला
जिस जा लागी नाव तुम्हारी
जिससे दुख का दारू[2] माँगा
तोरे मन्दिर में जो नहिं आया
वोः तो तुम्हीं थे
वोः तो तुम्हीं थे !

लेनिनग्राड का गोरिस्तान[3]

सर्द सिलों पर
ज़र्द सिलों पर
ताज़ा गर्म लहू की सूरत
गुलदस्तों के छींटे हैं
कतबे[4] सब बे-नाम हैं लेकिन
हर इक फूल पे नाम लिखा है

ग़ाफ़िल[5] सोने वाले का
याद में रोने वाले का

---

1. विनती की, 2. उपचार, 3. क़ब्रों का स्थान, 4. क़ब्र पर लगी मरनेवाले के परिचय की पट्टी, 5. बेहोश।

अपने फ़र्ज़ से फ़ारिग़[1] होकर
अपने लहू की तान के चादर

सारे बेटे ख़्वाब[2] में हैं
अपने ग़मों का हार पिरो कर
अम्माँ अकेली जाग रही है !

कुछ इश्क़ किया कुछ काम किया

वोः लोग बहुत ख़ुश-क़िस्मत थे
जो इश्क़ को काम समझते थे
या काम से आशिक़ी करते थे
हम जीते-जी मसरूफ़[3] रहे
कुछ इश्क़ किया, कुछ काम किया

काम इश्क़ के आड़े आता रहा
और इश्क़ से काम उलझता रहा
फिर आख़िर तंग आकर हमने
दोनों को अधूरा छोड़ दिया !

दर-ए-उम्मीद के दरयूज़ागर

फिर फरहरे[4] बन के मेरे तन बदन की धज्जियाँ
शहर के दीवार-ओ-दर को रंग पहनाने लगीं
फिर क़फ़-आलूदा[5] जबानें मदह-ओ-ज़म[6] की क़मचियाँ
मेरेज़ह्न-ओ-गोश[7] के ज़ख़्मों पे बरसाने लगीं

फिर निकल आये हवसनाकों के रक़्साँ तायफ़े[8]
दर्दमंद-ए-इश्क़ पर ठट्ठे लगाने के लिए

---

1. कर्तव्य निपटा कर, 2. नींद, 3. व्यस्त, 4. पताकाएँ, 5. गंदी, 6. प्रशंसा व निंदा, 7. मस्तिष्क व कान, 8. दुराचारी लोगों की नृत्यरत मण्डलियाँ ।

फिर दुहल[1] करने लगे तशहीर-ए-इख़्लास-ओ-वफ़ा[2]
कुश्ता-ए-सिद्क-ओ-सफ़ा[3] का दिल जलाने के लिए
हम के: हैं कब से दर-ए-उम्मीद के दरयूज़ागर[4]
ये: घड़ी गुज़री तो फिर दस्त-ए-तलब[5] फैलायेंगे
कूचा-ओ-बाज़ार से फिर चुन के रेज़ा-रेज़ा ख़्वाब[6]
हम यूँ ही पहले की सूरत[7] जोड़ने लग जायेंग

मर्सिया-ए-इमाम *

रात आई है शब्बीर पे: यलग़ार-ए-बला[8] है
राथी न: कोई कोई यार न: ग़मख़्वार रहा है
मूनिस[9] है तो एक दर्द की घनघोर घटा है
मुशफ़िक़[10] है तो इक दिल की धड़कने की सदा है
तन्हाई की, गुर्बत[11] की, परेशानी की शब है
ये: ख़ाना-ए-शब्बीर की वीरानी की शब[13] है

दुश्मन की सिपह ख़्वाब में मदहोश[13] पड़ी थी
पल भर को किसी की न इधर आँख लगी थी

---

1. नगाड़े, 2. निश्छलता व प्रेम-मुहब्बत का प्रचार, 3. सत्य और ईमानदारी पर मिटे हुओं, 4. आशा-द्वार के भिक्षुक, 5. माँगने वाला हाथ, 6. कण-कण (टूटे) स्वप्न, 7. पहले की तरह, 8. मुसीबतों का आक्रमण, 9. साथी, 10. महरबान, 11. अपनी धरती से दूर होना, 12. शब्बीर के घर की बरबादी की रात, 13. नींद में मस्त फौज।

मिटा हुआ,

* इमाम की मौत पर लिखा गया शोक गीत—हज़रत मुहम्मद के नाती हज़रत इमाम हुसैन (शब्बीर) व उनके 72 साथियों को जिनमें बूढ़े, दूध पीते बच्चे और औरतें भी शामिल थीं, दुराचारी ख़लीफ़ा यज़ीद को धर्म-नेता के रूप में स्वीकार न करने पर उसकी फौज द्वारा कई दिनों तक भूखा व प्यासा रखकर करबला के मैदान (ईराक में फरात नदी के किंनारे पर) में एक-एक करके शहीद किया गया, शहीदों के सिरों को बर्छियों पर उछाला गया और औरतों को दमिश्क़ के बाज़ारों में घुमाया गया। इस घटना का सोग मनाने और करबला के पवित्र शहीदों को श्रद्धांजलि पेश करने के लिए मुहर्रम के महीने में शोक प्रकट किया जाता है व मर्सिये पढ़े जाते हैं।

हर एक घड़ी आज क़यामत की घड़ी थी
येः रात बहुत आल-ए-मुहम्मद[1] पेः कड़ी थी
रह-रहके बुका[2] अह्ल-ए-हरम[3] करते थे ऐसे
थमथम के दिया आख़िर-ए-शब जलता है जैसे

इक गोशे[4] में इन सोख़्ता सामानों के सालार[5]
इन ख़ाक बसर[6], ख़ानमाँ-वीरानों[7] के सरदार
तिश्ना लब-ओ-दरमाँदा-ओ-मजबूर-ओ-दिल अफ़गार[8]
इस शान से बैठे थे शह-ए-लश्कर-ए-अहरार[9]
मसनद[10] थी, नः ख़िल'अत[11] थी, नः ख़ुद्दाम[12] खड़े थे
हाँ तन पेः जिधर देखिये, सौ ज़ख़्म सजे थे

कुछ ख़ौफ़ था चेहरे पेः, नः तश्वीश[13] ज़रा थी
हर एक अदा मज़हर-ए-तसलीम-ओ-रज़ा[14] थी
हर एक निगह शाहिद-ए-इक़रार-ए-वफ़ा[15] थी
हर जुंबिश-ए-लब[16] मुंकिर-ए-दस्तूर-ए-जफ़ा[17] थी
पहले तो बहुत प्यार से हर फ़र्द को देखा
फिर नाम ख़ुदा का लिया और यूँ हुए गोयाः[18]

अलहम्द[19], क़रीब आया ग़म-ए-इश्क़ का साहिल
अलहम्द, केः अब सुब्ह-ए-इबादत हुई नाज़िल[20]
बाज़ी है बहुत सख़्त मियान-ए-हक़-ओ-बातिल[21]
वोः ज़ुल्म में कामिल[22] हैं तो हम सब्र में कामिल
बाज़ी हुई अंजाम[23], मुबारक हो अज़ीज़ो[24]
बातिल हुआ नाकाम, मुबारक हो अज़ीज़ो

---

1. हज़रत मुहम्मद की औलाद, 2. बैन, 3. मक्का-निवासी (हज़रत इमाम हुसैन व उसके साथी), 4. कोने, 5. हारे हुओं के सरदार, 6. सिर पर धूल, 7. बरबाद घरोंवाले, 8. प्यासे, थके हुए, परेशान व ज़ख़्मी दिलवाले, 9. आज़ाद लोगों के दल के राजा, 10. राज-सिंहासन, 11. राजसी वेशभूषा, 12. सेवक, 13. चिंता, 14. हर बात मानने की सूचक, 15. वफ़ादारी की गवाह, 16. होंठ हिलना, 17. अन्याय की नीति को नकारती, 18. बोले, 19. वंदना करो, 20. प्रकट, 21. सच-झूठ के बीच, 22. पूर्ण, 23. समाप्त, 24. दोस्तो।

फिर सुबह की लौ-आई रुख़-ए-पाक[1] पे चमकी
और इक किरन मकतल-ए-ख़ूँनाक[2] पेः चमकी
नेजे की अनी[3] थी ख़स-ओ-ख़ाशाक पे चमकी
शमशीर बरहना[4] थी केः अफ़लाक[5] पे चमकी
दम भर के लिए आईना रू हो गया सहरा[6]
ख़ुर्शीद[7] जो उभरा तो लहू हो गया सहरा

पर बाँधे हुए हमले को आई सफ़-ए-आ'दा[8]
था सामने एक बंदा-ए-हक़ यक्का-वो-तन्हा[9]
हरचन्द केः हर इक था उधर ख़ून का प्यासा
येः रौब का आलम था केः कोई पहलू नः करता
की आने में ताख़ीर[10] जो लैला-ए-क़ज़ा[11] ने
ख़ुतबा किया इर्शाद[12] इमाम-ए-शुहदा[13] ने

फ़रमाया केः क्यूँ दर-पए-आज़ार[14] हो लोगो
हक़ वालों से क्यूँ बर सर-ए-पैकार[15] हो लोगो
वल्लाह केः मुजरिम हो, गुनहगार हो लोगो
मालूम है कुछ किस के तरफ़दार हो लोगो
क्यूँ आप के आक़ाओं[16] में और हम में ठनी है ?
मालूम है किस वास्ते इस जाँ पे बनी है ?

सत्वत नः हुकूमत नः हशम[17] चाहिये हमको
औरंग[18] नः अफ़सर, नः अलम[19] चाहिये हमको

---

1. पवित्र मुख, 2. बध करने का स्थान, 3. बर्छी की नोक, 4. नंगी तलवार, 5. आसमानों, 6. क्षण भर के लिए जंगल दर्पण की तरह हो गया, 7. सूर्य, 8. दुश्मनों की पंक्ति, 9. सत्य पर चलनेवाला अकेला व्यक्ति, 10. देर, 11. मृत्यु रूपी प्रेमिका, 12. फ़र्माया, 13. शहीदों के सरदार, 14. दुख पहुँचाने को तैयार, 15. युद्धरत, 16. स्वामियों, 17. प्रताप, सत्ता व श्रेष्ठता, 18. सिंहासन, 19. पताका।

ज़र चाहिए, नै माल-ओ-दिरम[1] चाहिए हमको
जो चीज़ भी फ़ानी[2] है, वोः कम चाहिए हमको
सरदारी की ख़्वाहिश है नः शाही की हवस है
इक हर्फ़-ए-यक़ीं[3], दौलत-ए-ईमाँ[4] हमें बस है[5]

तालिब[6] हैं अगर हम तो फ़क़त हक़[7] के तलबगार
बातिल के मुक़ाबिल में सदाक़त के परस्तार
इन्साफ़ के, नेकी के, मुरव्वत के तरफ़दार
ज़ालिम के मुख़ालिफ़ हैं तो बेबस के मददगार
जो ज़ुल्म पेः लानत न करे, आप लईं[8] है
जो जब्र का मुंकिर नहीं, वो मुंकिर-ए-दीं[9] है

ता-हश्र[10] ज़माना तुम्हें मक्कार कहेगा
तुम अहद-शिकन[11] हो, तुम्हें ग़द्दार कहेगा
जो साहिब-ए-दिल है हमें अबरार[12] कहेगा
जो बंदा-ए-हुर है, हमें अह्रार कहेगा
नाम ऊँचा ज़माने में हर अंदाज़ रहेगा
नेज़े पे भी सर अपना सर-अफराज़[13] रहेगा

कर ख़त्म सुख़न[14], मह्व-ए-दुआ[15] हो गये शब्बीर
फिर नारा-ज़नाँ मह्व-ए-विग़ा[16] हो गये शब्बीर
क़ुर्बान-ए-रह-ए-सिदक़-ओ-सफ़ा हो गये शब्बीर
ख़ेमों में था कोहराम, जुदा हो गये शब्बीर
मर्कब[17] पे तन-ए-पाक था और ख़ाक पे सर था
इस ख़ाक तले जन्नत-ए-फ़िर्दौस[18] का दर था

---

1. सोना व माल-दौलत, 2. मिटनेवाली, 3. आस्था का शब्द, 4. ईमान की दौलत, 5. काफ़ी है, 6. इच्छुक, 7. सत्य, 8. धिक्कृत, 9. धर्म को नकारनेवाला, 10. क़यामत तक, 11. वचन तोड़नेवाले, 12. ऋषि, 13. प्रतिष्ठित, 14. बात, 15. प्रार्थना-मग्न, 16. नारे लगाना व गर्जना करना, 17. अश्व, 18. स्वर्ग।

गीत : अब क्या देखें राह तुम्हारी

अब क्या देखें राह तुम्हारी
बीत चली है रात
छोड़ो
छोड़ो ग़म की बात
थम गये आँसू
थक गईं अँखियाँ
गुज़र गई बरसात
बीत चली है रात

छोड़ो
छोड़ो ग़म की बात
कब से आस लगी दर्शन की
कोई नः जाने बात
बीत चली है रात
छोड़ो ग़म की बात

तुम आओ तो मन में उतरे
फूलों की बारात
बीत चली है रात
अब क्या देखें राह तुम्हारी
बीत चली है रात

गीत : हम तेरे पास आये

हम तेरे पास आये
सारे भरम मिटा कर
सब चाहतें भुला कर
कितने उदास आये
हम तेरे पास जाकर
क्या क्या नः दिल दुखा है
क्या क्या बही हैं अँखियाँ
क्या क्या नः हम पे बीती
क्या क्या हुए परीशाँ[1]
हम तुझसे दिल लगा कर
तुझसे नज़र मिला कर
कितने फ़रेब खाये
अपना तुझे बना कर

हम तेरे पास आये
सारे भरम मिटा कर
थी आस आज हम पर कुछ होगी मेहरबानी
हलका करेंगे जी को सब हाल-ए-दिल ज़बानी
तुझको सुना सुना कर
आँसू बहा बहा कर

कितने उदास आये
हम तेरे पास जाकर
हम तेरे पास आये
सारे भरम मिटा कर

1. परेशान।

ज़िन्दाँ से एक ख़त *

मेरी जाँ तुझ को बतलाऊँ बहुत नाज़ुक येः नुक्ता[1] है
बदल जाता है इंसाँ जब मकाँ उस का बदलता है
मुझे ज़िन्दाँ में प्यार आने लगा है अपने ख़्वाबों पर
जो शब को नींद अपने मेह्रबाँ हाथों से
वा करती है दर उसका
तो आ गिरती है हर दीवार उसकी मेरे क़दमों पर
मैं ऐसे ग़र्क़ हो जाता हूँ इस दम अपने ख़्वाबों में
केः जैसे इक किरन ठहरे हुए पानी पेः गिरती है
मैं इन लम्हों[2] में कितना सरख़ुश-ओ-दिलशाद[3] फिरता हूँ
जहाँ[4] की जगमगाती वुस्अतों[5] में किस क़दर आज़ाद फिरता हूँ
जहाँ दर्द-ओ-अलम का नाम है कोई नः ज़िन्दाँ[6] है
''तो फिर बेदार होना[7] किस क़दर तुम पर गराँ[8] होगा''
नहीं ऐसा नहीं है मेरी जाँ मेरा येः क़िस्सा है
मैं अपने अज़्म-[9] ओ-हिम्मत से
वही कुछ बख़्शता हूँ[10] नींद को जो उसका हिस्सा है

---

* सुप्रसिद्ध तुर्की कवि नाज़िम हिकमत, [जिन्होंने तुर्की के स्वतंत्रता-संग्राम में भाग लिया और कारावास व देश-निकाला भोगते रहे] की दो कविताओं के अनुवाद

1. भेद, 2. क्षणों, 3. प्रसन्नचित्त, 4. दुनिया, 5. विस्तार, 6. जेल, 7. जागना, 8. भारी, 9. संकल्प, 10. दान देता हूँ ।

वा मेरे वतन

ओ मेरे वतन, ओ मेरे वतन, ओ मेरे वतन !
मेरे सर पर वोः टोपी नः रही
जो तेरे देस से लाया था
पाँवों में वोः अब जूते भी नहीं
वाक़िफ़ थे जो तेरी राहों से
मेरा आख़िरी कुर्ता चाक हुआ
तेरे शहर में जो सिलवाया था

अब तेरी झलक
बस उड़ती हुई रंगत है मेरे बालों की
या झुर्रियाँ मेरे माथे पर
या मेरा टूटा हुआ दिल है
वा मेरे वतन, वा मेरे वतन, वा मेरे वतन !

सहरा की रात *

कहीं भी शबनम[1] कहीं नहीं है
अजब केः शबनम कहीं नहीं है
नः सर्द ख़ुर्शीद की ज़बीं[2] पर
किसी के रुख़[3] पर नः आस्तीं पर
ज़रा सी शबनम कहीं नहीं है

---

* क़ाज़क़िस्तान के प्रसिद्ध नौजवान कवि उल्जुज़ उमर अली सुलेमान की कविता का अनुवाद

1. ओस, 2. मस्तक, 3. चेहरे ।

पिसे हुए पत्थरों की मौजें
ख़मोश-ओ-साकिन[1]
हरारत-ए-माह-ए-नीम शब[2] में सुलग रही हैं
और शबनम कहीं नहीं है

बरहना-पा गोल[3] गीदड़ों के
लगा रहे हैं बनों में ठट्ठे
केः आज शबनम कहीं नहीं है

बबूल के इस्तख़वाँ[4] के ढाँचे
पुकारते हैं
नहीं है शबनम, कहीं नहीं है

सफ़ैद, धुँधलाई रौशनी में
हैं दश्त[5] की छातियाँ बरहना[6]
तरस रही हैं जो हुस्न-ए-इंसाँ लिये
कहीं पेः बरसे केः शबनम का एक क़तरा

येः चाँद भी सर्द हो रहेगा
उफ़क़[7] पेः जब सुब्ह का किनारा
किसी किरन से दहक उठेगा
केः एक दर्मांदा राहरौ[8] की
ज़बीं पे शबनम का हाथ चमके

---

1. स्थिर, 2. आधी रात के चाँद की गर्मी, 3. नंगे पैर झुंड, 4. हड्डियों, 5. जंगल, 6. नग्न, 7. क्षितिज, 8. थका हुआ पथिक ।

दिल-ए-मन मुसाफ़िर-ए-मन

मेरे दिल मेरे मुसाफ़िर
हुआ फिर से हुक्म सादिर[1]
केः वतन-बदर[2] हों हम तुम
दें गली गली सदाएँ[3]
करें रुख़ नगर-नगर का
केः सुराग़ कोई पाएँ
किसी यार-ए-नामाबर[4] का
हरइक अजनबी से पूछें
जो पता था अपने घर का

सर-ए-कू-ए-नाशनासाँ[5]
हमें दिन से रात करना
कभी इससे बात करना
कभी उससे बात करना

तुम्हें क्या कहूँ केः क्या है
शब-ए-ग़म बुरी बला है
हमें येः भी था ग़नीमत
जो कोई शुमार[6] होता
''हमें क्या बुरा था मरना
अगर एक बार होता''

---

1. घोषित, 2. देश निकाला, 3. आवाज़ें, 4. पत्रवाहक मित्र, 5. अजनबी गलियों में, 6. गिनती ।

फूल मुर्झा गये हैं सारे

फूल मुर्झा गए हैं सारे
थमते नहीं हैं आसमाँ के आँसू
शमएँ बे-नूर हो गई हैं
आइने चूर हो गये हैं
साज़ सब बज के खो गए हैं
पायलें बुझ के सो गई हैं
और उन बादलों के पीछे
दूर इस रात का दुलारा
दर्द का सितारा
टिमटिमा रहा है
झनझना रहा है
मुस्कुरा रहा है

कोई आशिक़ किसी महबूबा से

गुलशन-ए-याद में गर आज दम-ए-बाद-ए-सबा[1]
फिर से चाहे केः गुल-अफ़शाँ[2] हो तो हो जाने दो
उम्र-ए-रफ़्ता[3] के किसी ताक़ पेः बिसरा हुआ दर्द
फिर से चाहे के फ़रोज़ाँ[4] हो तो हो जाने दो

जैसे बेगाने से अब मिलते हो वैसे ही सही
आओ दो चार घड़ी मेरे मुक़ाबिल[5] बैठो

---

1. पवन का झोंका, 2. फूल बिखरना, 3. बीती हुई आयु, 4. उज्ज्वल, 5. सामने ।

गरचे: मिल बैठेंगे हम तुम तो मुलाक़ात के बाद
अपना अहसास-ए-ज़ियाँ[1] जानिये कितना होगा
हम-सुख़न[2] होंगे जो हम दोनों तो हर बात के बीच
अन-कही बातों का मौहूम[3] सा परदा होगा
कोई इक़रार न: मैं याद दिलाऊँगा न: तुम
कोई मज़मून[4] वफ़ा का न: जफ़ा का होगा

गर्द-ए-अय्याम की तहरीर[5] को धोने के लिए
तुम से गोया हों[6] दम-ए-दीद[7] जो पलकें मेरी
तुम जो चाहो तो सुनो और जो न: चाहो न: सुनो
और जो हर्फ़ करें मुझ से गुरेज़ाँ[8] आँखें
तुम जो चाहो तो कहो और जो न: चाहो न: कहो

वयब्क़ा वजह-ए-रब्बका *

हम देखेंगे
लाज़िम[9] है के: हम भी देखेंगे
वो: दिन के: जिसका वादा है
जो लौह-ए-अज़ल[10] में लिक्खा है
जब ज़ुल्म-ओ-सितम के कोह-ए-गराँ[11]
रुई की तरह उड़ जायेंगे
हम महकूमों[12] के पाँव-तले
जब धरती धड़ धड़ धड़केगी

---

1. खोने की अनुभूति, 2. एक दूसरे से वार्तारत, 3. हलका, 4. चर्चा का विषय, 5. समय का लेख, 6. बात करें, 7. दर्शन के समय, 8. बचना। 9. निश्चित, 10. पहले से लिखित भाग्य लेख, 11. भारी पहाड़, 12. दलितों।

* ''और अंत में केवल वही शेष रहेगा'' (क़ुरान-सू-यासीन से)

और अहल-ए-हिकम[1] के सर ऊपर
जब बिजली कड़ कड़ कड़केगी
जब अर्ज़-ए-ख़ुदा[2] के का'बे से
सब बुत उठवाये जायेंगे
हम अहल-ए-सफ़ा[3], मर्दूद-ए-हरम[4]
मसनद पे: बिठाये जायेंगे
सब ताज उछाले जायेंगे
सब तख़्त गिराये जायेंगे

बस नाम रहेगा अल्लाह का
जो ग़ायब भी है हाज़िर भी
जो मंज़र[5] भी है, नाज़िर[6] भी
उट्ठेगा 'अनल हक़'[7] का नारा
जो मैं भी हूँ और तुम भी हो
और राज करेगी ख़ल्क़-ए-ख़ुदा[8]
जो मैं भी हूँ और तुम भी हो

मंज़र

आसमाँ आज इक बहर-ए-पुर-शोर[9] है
जिसमें हर सू[10] रवाँ बादलों के जहाज़
उनके अर्शों[11] पे: किरनों के मस्तूल हैं
बादबानों[12] की पहने हुए फ़र्गुलें[13]
नील में गुम्बदों के ज़ज़ीरे[14] कई

---

1. सत्ताधारियों, 2. ख़ुदा की ज़मीन, 3. खरे लोग, 4. कट्टरपंथियों द्वारा निंदित, 5. दृश्य, 6. दर्शक, 7. ''मैं सत्य हूँ'' सूफ़ी संत मंसूर का नारा जिसको इस घोषणा के कारण सूली पर लटकाया गया था, 8. जन-समूह, 9. कोलाहल भरा समुद्र, 10. हर ओर, 11. जहाज की छत, 12. पाल, 13. ढीले वस्त्र, 14. द्वीप ।

एक बाज़ी में मसरूफ़[1] है हर कोई
अबाबील कोई नहाती हुई
कोई चील ग़ोते में जाती हुई

कोई ताक़त नहीं इसमें ज़ोर-आज़मा[2]
कोई बेड़ा नहीं है किसी मुल्क का
इसकी तह में कोई आबदोज़ें[3] नहीं
कोई राकेट नहीं, कोई तोपें नहीं
यूँ तो सारे अनासिर[4] हैं याँ ज़ोर में
अम्न कितना है इस बह्र-ए-पुर-शोर में

दो नज़्में

(क़फ़क़ाज़ के शायर क़ासिन क़ुली से प्रेरित)

1. शायर लोग

हर इक दौर में हम, हर ज़माने में हम
ज़हर पीते रहे गीत गाते रहे
जान देते रहे ज़िंदिगी के लिए
साअ'त-ए-वस्ल की सरख़ुशी[5] के लिए
दीन-ओ-दुनिया की दौलत लुटाते रहे
फ़ुक्र-ओ-फ़ाक़ा का तोशा[6] सँभाले हुए
जो भी रस्ता चुना उस पे चलते रहे
माल वाले हिक़ारत[7] से तकते रहे
तान[8] करते रहे हाथ मलते रहे

---

1. व्यस्त, 2. शक्ति-परीक्षण करती हुई, 3. पनडुब्बियाँ, 4. तत्व, 5. मिलन के क्षण की मस्ती, 6.निर्धनता व भूख की सामग्री, 7. घृणा, 8. व्यंग्य।

हमने उन पर किया हर्फ़-ए-हक़ संग-ज़न[1]
जिनकी हैबत[2] से दुनिया लरज़ती रही
जिन पैः आँसू बहाने को कोई न था
अपनी आँख उनके ग़म में बरसती रही

सबसे ओझल हुए हुक्म-ए-हाकिम पेः हम
क़ैदख़ाने सहे, ताज़ियाने[3] सहे
लोग सुनते रहे साज़-ए-दिल की सदा
अपने नग़मे सलाख़ों से छनते रहे

खूँदकाँ दहर[4] का ख़ूँचका आइना
दुख भरी ख़ल्क[5] का दुख भरा दिल हैं हम
तबअ-ए-शायर[6] है जंगाह-ए-अद्ल-ओ-सितम[7]
मुन्सिफ़-ए-खै़र-ओ- शर[8], हक़्क़-ओ-बातिल[9] हैं हम

2. शोपेन का नग़मा बजता है

छलनी है अँधेरे का सीना, बरखा के भाले बरसे हैं
दीवारों के आँसू हैं रवाँ[10], घर ख़ामोशी में डूबे हैं
पानी में नहाए हैं बूटे, गलियों में हू का फेरा[11] है
शोपेन का नग़मा बजता है

इक ग़मगीं लड़की के चेहरे पर चाँद की ज़र्दी छाई है
जो बर्फ़ गिरी थी इस पेः लहू के छींटों की रुशनाई है

---

1. सत्य के शब्दों का पथराव, 2. भय, 3. कोड़े, 4. ख़ून टपकाती दुनिया, 5. जनता, 6. कवि की भावना, 7. अत्याचार व न्याय का रणक्षेत्र, 8. अच्छे बुरे का न्याय करने वाले, 9. सत्य-असत्य, 10. बहते हुए, 11. सन्नाटा।

खूँ का हर दाग़ दमकता है
शोपेन का नग़मा बजता है

कुछ आज़ादी के मतवाले जाँ कफ़[1] पे लिये मैदाँ में गये
हरसू दुश्मन का नर्ग़ा[2] था, कुछ बच निकले कुछ खेत रहे
आलम में उनका शोहरा[3] है
शोपेन का नग़मा बजता है

इक कूँज को सखियाँ छोड़ गईं आकाश की नीली राहों में
वोः याद में तन्हा रोती थी लिपटाये अपनी बाँहों में
इक शाही[4] उस पर झपटा है
शोपेन का नग़मा बजता है

ग़म ने साँचे में ढाला है
इक बाप के पत्थर चेहरे को
इक मुर्दा बेटे के माथे को
इक माँ ने रोकर चूमा है
शोपेन का नग़मा बजता है

फिर फूलों की रुत लौट आयी
और चाहने वालों की गर्दन में झूले डाले बाँहों ने
फिर झरने नाचे छन छन छन
अब बादल है ना बरखा है
शोपेन का नग़मा बजता है

---

1. हथेली, 2. घेरा, 3. विश्व में प्रसिद्ध, 4. गरुड़।

तीन आवाजें

1. ज़ालिम

जश्न है मातम-ए-उम्मीद[1] का आओ लोगो
मर्ग-ए-अंबोह[2] का त्यौहार मनाओ लोगो
अद्‌माबाद[3] को आबाद किया है मैंने
तुम को दिन रात से आज़ाद किया है मैंने

जलवा-ए-सुब्ह से क्या माँगते हो
बिस्तर-ए-ख़्वाब से क्या चाहते हो
सारी आँखों को तह-ए-तेग़[4] किया है मैंने
सारे ख़्वाबों का गला घोंट दिया है मैंने
अब नः महकेगी किसी शाख़ पेः फूलों की हिना
फ़स्ल-ए-गुल आयेगी नमरूद[5] के अंगार लिये
अब न बरसात में बरसेगी गुहर की बरखा
अब्र आयेगा ख़स-ओ-ख़ार के अम्बार लिये
मेरा मसलक[6] भी नया, राह-ए-तरीक़त[7] भी नयी
मेरे क़ानूँ भी नये, मेरी शरी'अत[8] भी नयी
अब फ़क़ीहान-ए-हरम[9] दस्त-ए-सनम[10] चूमेंगे
सर्व-क़द[11] मिट्टी के बौनों के क़दम चूमेंगे
फ़र्श पर आज दर-ए-सिद्क़-ओ-सफ़ा[12] बन्द हुआ
अर्श पर आज हर एक बाब-ए-दुआ[13] बन्द हुआ

---

1. आशाओं का शोक, 2. जनसमूह की मृत्यु, 3. परलोक, 4. तलवार से बध, 5. एक क्रूर बादशाह, 6. आस्था, 7. भक्ति का ढंग, 8. विधान, 9. धर्म-नेता, 10. मूर्तियों के हाथ, 11. ऊँचे क़दवाले, 12. सत्य व पवित्रता का द्वार, 13. प्रार्थना का द्वार।

2. मजलूम

रात छाई तो हर इक दर्द के धारे फूटे
सुब्ह फूटी तो हर इक ज़ख़्म के टाँके टूटे
दोपहर आई तो हर रंग ने लहू बरसाया
दिन ढला, ख़ौफ़ का अफ़रीत[2] मुक़ाबिल आया
या ख़ुदा येः मेरी गर्दान-ए-शब-ओ-रोज़-ओ-सहर[3]
येः मेरी उम्र का बे-मंज़िल-ओ-आराम सफ़र
क्या यही कुछ मेरी क़िस्मत में लिखा है तूने
हर मसर्रत से मुझे आक़[4] किया है तूने
वोः ये कहते हैं तू ख़ुशनूद हर इक ज़ुल्म से है
वोः येः कहते हैं हर इक ज़ुल्म तेरे हुक्म से है
गर येः सच है तो तेरे अद्ल[5] से इन्कार करूँ
उनकी मानूँ, केः तेरी ज़ात का इक़रार[6] करूँ

3. निदा-ए-ग़ैब[7]

हर एक उलुल-अम्र[8] को सदा दो
केः अपनी फ़रद-ए-अमल[9] सँभाले
उठेगा जब ज़म्म-ए-सरफ़रोशाँ[10]
पड़ेंगे दार-ओ-रसन[11] के लाले
कोई नः होगा केः जो बचा ले

---

1. अत्याचार सहनेवाला, 2. राक्षस, 3. रात और दिन का चक्र, 4. वंचित, 5. न्याय, 6. अस्तित्व को स्वीकार, 7. आकाशवाणी, 8. सत्ताधारी, 9. कर्मों का ब्यौरा, 10. सिर कटानेवालों की भीड़, 11. फाँसी व फंदे।

जज़ा सज़ा[1] सब यहीं पेः होगी
यहीं अज़ाब-ओ-सवाब[2] होगा
यहीं से उट्ठेगा शोर-ए-महशर[3]
यहीं पेः रोज़-ए-हिसाब[4] होगा

येः मातम-ए-वक़्त की घड़ी है

ठहर गयी आसमाँ की नदिया
वोः जा लगी है उफ़क़[5] किनारे
उदास रंगों की चाँद नैया
उतर गये साहिल-ए-ज़मीं[6] पर
सभी खेवैया
तमाम तारे
उखड़ गयी साँस पत्तियों की
चली गयी ऊँघ में हवाएँ
गजर बजा हुक्म-ए-ख़ामशी का
तो चुप में गुम हो गयी सदाएँ
सहर की गोरी की छातियों से
ढलक गयी तीरगी[7] की चादर
और इस बजाए
बिखर गये उसके तन-बदन पर
निरास तन्हाइयों के साये

---

1. पुरस्कार व दंड, 2. अच्छे व बुरे का बदला, 3. प्रलय का दिन, 4. कर्मों की जाँच का दिन, 5. क्षितिज, 6. धरती के किनारे, 7. अंधकार ।

और उस को कुछ भी ख़बर नहीं है
किसी को कुछ भी ख़बर नहीं है
के: दिन ढले शहर से निकल कर
किधर को जाने का रुख़[1] किया था
न: कोई जादा:[2] न: कोई मंज़िल
किसी मुसाफ़िर को
अब दिमाग़-ए-सफ़र[3] नहीं है

ये: वक़्त ज़ंजीर-ए-रोज़-ओ-शब[4] की
कहीं से टूटी हुई कड़ी है
ये: मातम-ए-वक़्त[5] की घड़ी है
ये: वक़्त आये तो बे-इरादा
कभी कभी मैं भी देखता हूँ
उतार कर ज़ात का लबादा[6]
कहीं सियाही मलामतों[7] की
कहीं पे: गुलबूटे उलफ़तों के
कहीं लकीरें हैं आँसुओं की
कहीं पे: ख़ून-ए-जिगर के धब्बे
ये: चाक है पंजा-ए-अदू[8] का
ये मुहर है यार-ए-मेह रबाँ की
ये लाल लब-हा-ए-महवशाँ के[9]
ये: मरहमत[10] शेख़-ए-बद ज़बाँ की

ये जामा-ए-रोज़-ओ-शब-गज़ीदा[11]
मुझे ये: पैराहन-ए-दरीदा[12]

---

1. चेहरा, 2. राह, 3. यात्रा का विचार, 4. रात व दिन की ज़ंजीर, 5. समय का शोक, 6. अस्तित्व का आवरण, 7. धिक्कार, 8. शत्रु का पंजा, 9. चन्द्रमा जैसे मुखवालों के होठों के हीरे, 10. उपाधि, 11. रात व दिन का डसा हुआ कपड़ा, 12. फटा हुआ लिबास।

अज़ीज़ भी ना-पसन्द भी है
कभी ये फ़रमान-ए-जोश-ए-वहशत[1]
केः नोच कर इसको फेंक डालो
कभी येः इसरार-ए-हर्फ़-ए-उल्फ़त[2]
केः चूम कर फिर गले लगा लो

हम तो मजबूर-ए-वफ़ा हैं

तुझ को कितनों का लहू चाहिए ऐ अर्ज़-ए-वतन[3]
जो तेरे आरिज़-ए-बे-रंग[4] को गुलनार[5] करे
कितनी आहों से कलेजा तेरा ठण्डा होगा
कितने आँसू तेरे सहराओं को गुलज़ार करें
तेरे ऐवानों[6] में पुर्ज़े हुए पैमाँ[7] कितने
कितने वादे जो नः आसूदा-ए-इक़रार[8] हुए
कितनी आँखों को नज़र खा गई बदख़्वाहों[9] की
ख़्वाब कितने तेरी शहराहों[10] में संगसार[11] हुए

''बला कशान-ए-मुहब्बत[12] पेः जो हुआ सो हुआ
जो मुझ पेः गुज़री, मत उससे कहो, हुआ सो हुआ
मबादा[13] हो कोई ज़ालिम तेरा गरीबाँ-गीर[14]
लहू के दाग़ तू दामन से धो हुआ सो हुआ''

---

1. दीवानगी के जोश का आदेश, 2. प्रेम के शब्दों का आग्रह, 3. देश की धरती, 4. मुरझाये हुए कपोल, 5. लाल, 6. महलों, 7. प्रतिज्ञाएँ, 8. पूरे, 9. बुरा चाहनेवालों, 10. सड़कों, 11. पथराव, 12. सख़्तियाँ उठानेवालों, 13. कहीं ऐसा न हो, 14. गरीबान पकड़नेवाला।

हम तो मजबूर-ए-वफ़ा हैं, मगर ऐ जान-ए-जहाँ
अपने उश्शाक़[1] से ऐसे भी कोई करता है
तेरी महफ़िल को ख़ुदा रक्खे अबद[2] तक क़ायम
हम तो मेहमाँ हैं घड़ी भर के हमारा क्या है !

पेरिस

दिन ढला, कूचा-ओ-बाज़ार में सफ़-बस्ता:[3] हुईं
ज़र्द-रू रौशनियाँ
उनमें हर एक के कशकोल[4] से बरसीं रिम झिम
इस भरे शहर की ना-सूदगियाँ,[5]
दूर पस-मंज़र-ए-अफ़लाक में[6] धुँधलाने लगे
अज़्मत-ए-रफ़्ता[7] के निशाँ
पेश-मंज़र[8] में
किसी साया-ए-दीवार से लिपटा हुआ साया कोई
दूसरे साये की मौहूम[9] सी उम्मीद लिये
रोज़मर्रा की तरह
ज़ेर-ए-लब[10]
शरह-ए-बेदर्दी-ए-अय्याम[11] की तमहीद[12] लिये
और कोई अजनबी
इन रौशनियों, सायों से कतराता हुआ
अपने बेख़्वाब शबिस्ताँ[13] की तरफ़ जाता हुआ

---

1. चाहनेवालों, 2. दुनिया के अन्त तक, 3. पंक्तिबद्ध, 4. भिक्षा पात्र, 5. असंतुष्टि, 6. आसमानों की पृष्ठभूमि में, 7. बीती हुई शान, 8. पूर्व दृश्य, 9. धुँधली, 10. दबे स्वर में, 11. समय की निष्ठुरता की टीका, 12. भूमिका, 13. रैन बसेरा।

क्या करें

मेरी तेरी निगाह में
जो लाख इंतज़ार हैं
जो मेरे तेरे तन बदन में
लाख दिल-फ़िगार[1] हैं
जो मेरी तेरी उँगलियों की बेहिसी से
सब क़लम नज़ार[2] हैं
जो मेरे तेरे शहर में
हर इक गली में
मेरे तेरे नक़्श-ए-पा[3] के बे-निशाँ मज़ार हैं
जो मेरी तेरी रात के
सितारे ज़ख़्म ज़ख़्म हैं
जो मेरी तेरी सुब्ह के
गुलाब चाक चाक हैं
येः ज़ख़्म सारे बे-दवा
येः चाक सारे बे-रफ़ू
किसी पेः राख चाँद की
किसी पे ओस की लहू

येः है भी या नहीं, बता
येः है केः महज़[4] जाल है
मेरे तुम्हारे अन्कबूत-ए-वहम[5] का बुना हुआ
जो है तो इसका क्या करें
नहीं है तो भी क्या करें
बता बता
बता बता

---

1. घायल, 2. कमज़ोर, 3. पदचिह्न, 4. केवल, 5. संशय की मकड़ी।

मेरे मिलने वाले

वोः दर खुला मेरे ग़मकदे[1] का
वोः आ गये मेरे मिलने वाले
वोः आ गई शाम
अपनी राहों में
फ़र्श-ए-अफ़सुर्दगी[2] बिछाने
वोः आ गई रात चाँद तारों को
अपनी आज़ुर्दगी[3] सुनाने
वो सुब्ह आई, दमकते नश्तर से
याद के ज़ख़्म को मनाने
वोः दोपहर आई, आस्तीं में
छुपाये, शोलों के ताज़ियाने[4]
येः आये सब मेरे मिलनेवाले
केः जिनसे दिन रात वास्ता है

पः कौन कब आया, कब गया है
निगाह-ओ-दिल को ख़बर कहाँ है
ख़्याल सू-ए-वतन[5] रवाँ है
समन्दरों की अयाल थामे
हज़ार-ओवह् म-ओ-गुमाँ[6] सँभाले
कई तरह के सवाल थामे

---

1. दुखों से भरा घर, 2. उदासी का फ़र्श, 3. उदासी, 4. कोड़े, 5. देश की ओर, 6. शंका व भय।

गाँव की सड़क

ये: देस मुफ़लिस-ओ-नादार कजकुलाहों[1] का
ये: देस बे-ज़र-ओ-दीनार[2] बादशाहों का
के: जिसकी ख़ाक में क़ुदरत है क़ीमयाई की[3]
ये: नायबान-ए-ख़ुदावन्द-ए-अर्ज़ का मसकन[4]
ये: नेक पाक बुज़ुर्गों की रूह का मद्‌फ़न[5]
जहाँ पे: चाँद सितारों ने जब्बा-साई की[6]
न: जाने कितने ज़मानों से उसका हर रस्ता
मिसाल-ए-ख़ाना-ए-बे-ख़ानमाँ था दरबस्ता[7]
ख़ुशा[8] के आज ब-फ़ज़्ल-ए-ख़ुदा[9] वो: दिन आया
के: दस्त-ए-ग़ैब[10] ने इस घर की दरकुशाई की[11]
चुने गये हैं सभी ख़ार[12] उसकी राहों से
सुनी गयी है बिल-आख़िर[13] बरहना-पाई[14] की

गीत

जलने लगीं यादों की चिताएँ

जलने लगीं यादों की चिताएँ
आओ कोई बैत[15] बनायें
जिनकी रह तकते जुग बीते
चाहे वो: आयें नहीं आयें

---

1. निर्धन बाँकों, 2. ग़रीब, 3. स्पर्श से स्वर्ण में बदलने की क्षमता, 4. धरती के मालिक के नायकों का निवासस्थान, 5. दफ़न करने का स्थान, 6. सर झुकाया, 7. वीरान घर की तरह बंद था, 8. धन्य है, 9. ईश्वर की कृपा से, 10. अदृश्य आसमानी हाथ, 11. दरवाजा खोला, 12. काँटे, 13. अंत में, 14. नंगे पैर, 15. गीत।

आँखें मूँद के नित पल देखें
आँखों में उनकी परछाईं
अपने दर्दों का मुकुट पहनकर
बे-दर्दों के सामने जायें
जब रोना आवे मुस्कायें
जब दिल टूटे दीप जलायें

प्रेम कथा का अन्त नः कोई
कितनी बार उसे दोहरायें
प्रीत की रीत अनोखी साजन
कुछ नहीं माँगें सब कुछ पायें
'फ़ैज़' उनसे क्या बात छुपी है
हम कुछ कहकर क्यूँ पछतायें

जो मेरा तुम्हारा रिश्ता है

मैं क्या लिखूँ केः जो मेरा तुम्हारा रिश्ता है
वोः आशिक़ी की ज़बाँ में कहीं भी दर्ज़ नहीं
लिखा गया है बहुत लुत्फ़-ए-वस्ल-ओ-दर्द-ए-फ़िराक़[1]
मगर येः कैफ़ीयत[2] अपनी रक़म[3] नहीं है कहीं
येः अपना इश्क़ हम-आग़ोश[4] जिसमें हिज्र-ओ-विसाल[5]
येः अपना दर्द केः है कब से हमदम-ए-मह-ओ-साल[6]
इस इश्क़-ए-ख़ास को हर एक से छुपाये हुए
गुज़र गया है ज़माना गले लगाये हुए

---

1. मिलन का आनंद व विरह का दुख, 2. स्थिति, 2. लिखी हुई, 4. आलिंगनबद्ध, 5. जुदाई व मिलन, 6. समय का दोस्त।

इश्क़ अपने क़ैदियों को पा-ब-जौलाँ[1] ले चला

दार[2] की रस्सियों के गुलूबन्द गर्दन में पहने हुए
गाने वाले हर इक रोज़ गाते रहे
पायलें बेड़ियों की बजाते हुए
नाचने वाले धूमें मचाते रहे

हम जो इस सफ़ में थे और नः उस सफ़ में[3] थे
रास्ते में खड़े इनको तकते रहे
रश्क[4] करते रहे
और चुपचाप आँसू बहाते रहे

लौट कर आके देखा तो फूलों का रंग
जो कभी सुर्ख़ था, ज़र्द ही ज़र्द है
अपना पहलू टटोला तो ऐसा लगा
दिल जहाँ था वहाँ दर्द ही दर्द है

गले में कभी तौक़ का वाहिमा[5]
कभी पाँव में लम्स[6] ज़ंजीर का
और फिर एक दिन इश्क़ उन्हीं की तरह
रसन-दर-गुलू[7], पा-ब-जौलाँ हमें
उसी क़ाफ़िले में कशाँ[8] ले चला

---

1. बेड़ियाँ पहनाकर, 2. फाँसी, 3. न इधर, न उधर, 4. ईर्ष्या, 5. गले में हँसली पड़ी होने का संशय, 6. स्पर्श, 7. गले की रस्सी, 8. खींचते हुए।

ख़्वाब बसेरा

इस वक़्त तो यूँ लगता है अब कुछ भी नहीं है
महताब नः सूरज नः अँधेरा नः सवेरा
आँखों के दरीचों में किसी हुस्न की झलकन
और दिल की पनाहों[1] में किसी दर्द का डेरा
मुमकिन है कोई वह्म हो मुमकिन है सुना हो
गलियों में किसी चाप का एक आख़िरी फेरा
शाख़ों में ख़यालों के घने पेड़ की शायद
अब आके करेगा नः कोई ख़्वाब बसेरा
इक बैर, नः इक मह्र[2] नः इक रब्त[3], नः रिश्ता
तेरा कोई अपना नः पराया कोई मेरा
माना केः येः सुनसान घड़ी सख़्त बड़ी है
लेकिन मेरे दिल येः तो फ़क़त[4] एक घड़ी है
हिम्मत करो जीने को अभी उम्र पड़ी है

पयाम-ए-तजदीद[5]

अहद-ए-उल्फ़त[6] को मुद्दतें गुज़रीं
दौर-ए-राहत[7] को मुद्दतें गुज़रीं
मिस्ल-ए-तस्वीर-ए-यास[8] है दुनिया
हाय कितनी उदास है दुनिया
फिर तुझे याद कर रहा हूँ मैं

---

1. शरण, 2. मेहरबानी, 3. सम्बन्ध, 4. केवल, 5. सम्बन्धों के पुनरारम्भ का संदेश, 6. प्रेम का प्रण, 7. आराम के दिनों, 8. निराशा के चित्र की तरह।

कितने बेक़ैफ़ रोज़-ओ-शब[1] हैं के: तू
वज्ह-ए-तज़ईन-ए-मह्र-ओ-माह[2] नहीं
हसरत-ए-दीद[3] खो चुका हूँ मैं
आह मैं और तेरी चाह नहीं
इस तसन्नो[4] से थक गया हूँ मैं

आ मुझे फिर शुमार[5] में ले
याद-ए-दोशीना[6] मत जगा प्यारी
बे-वफ़ाई का ज़िक्र रहने दे
मेरे शिकवों की फ़िक्र रहने दे
आ, गुज़श्ता[7] को भूल जा प्यारी
आ मुझे फिर कनार[8] में ले
दर्द-ए-अह्द-ए-फ़िराक़[9] रो डालूँ
दिल के दैरीना[10] दाग़ धो डालूँ

वापस लौट आई है बहार

जाग उठी सरसों की किरनें
वापस लौट आई है बहार
पौधे सँवरे, सब्ज़ा[11] निखरा
धुल गये फूलों के रुख़्सार[12]
वापस लौट आई है बहार

1. फीके दिन-रात, 2. चन्द्रमा व सूर्य के श्रृंगार का कोई बहाना, 3. देख लेने की अभिलाषा, 4. बनावट, 5. गिनती, 6. कल की याद, 7. गुजरे हुए, 8. गोद, 9. विरह के युग का दर्द, 10. पुराने, 11. हरियाली, 12. कपोल।

सहमे से अफ़सुर्दा[1] चेहरे
उन पर ग़म की गर्द वही
ज़ोर-ओ-सितम[2] वैसे के वैसे
सदियों के दुख दर्द वही
और वही बरसों के बीमार
वापस लौट आई है बहार
ग़म के तपते सहराओं में
धुँधली सी राहत की चमक
या बेजाँ हाथों से हट कर
सिमटे से आँचल की झलक
दिल की शिकस्तों[3] के अंबार
वापस लौट आई है बहार

ख्वाब-ए-परीशाँ [4]

हाँ ख़्वाहिश के बीमार मेरे तन्हा दिल ने
इक ख़्वाब सभी ख्वाबों की तरह प्यारा देखा
लेकिन मेरे सब ख़्वाबों की तरह
येः ख़्वाब भी बे-मानी[5] निकला
येः ख़्वाब केः बन जाऊँगा किसी दिन
बोर्डिंग का मॉनीटर मैं

हैरत केः हुआ ऐसा ही मगर
थी किस को ख़बर

---

1. उदास, 2. अत्याचार, 3. पराजय, 4. व्यर्थ का स्वप्न, 5. निरर्थक।

इस मोड़ पे आके बख़्त-ए-रसा[1] सो जायेगा
ज़ीनों की सदा आसेब-ज़बा[2]
हम्माम[3] ग़म की गर्द अटी
और एक नहूसत का पैकर[4]
मीनार घड़ी
हर घंटा कराही वक़्त के लम्बे रस्ते पर
आवाज़ थकन में डूबी हुई थी
मैं, गुरमुख सिंह सुनता ही रहा

सुन सुन के मगर येः कहना पड़ा
ये ख़्वाब भी कितना मोहमल[5] था !

तीन गीत

1. पंखी राजा मीठा बोल

पंखी राजा रे पंखी राजा मीठा बोल
जोत जगी हर मन में
भँवरा गूँजा, डाली झूमे
बस्ती, बाड़ी, बन में
जोत जगी हर मन में

नदिया रानी रे
नदिया रानी मीठा बोल
मीठा बोल
घाट लगी हर नाव

---

1. सौभाग्य, 2. भुतहा सीढ़ियों का स्वर, 3. स्नानागार, 4. अशुभ आकृति, 5. व्यर्थ।

रात गई सुख जागा
पायल बाँधो, नाचो, गाओ
घाट लगी हर नाव
नदिया रानी मीठा बोल

सुन्दर गोरी रे
सुन्दर गोरी मीठा बोल
जीवे रूप जवानी
बात करे तो फूल खिलें
अँखियाँ एक कहानी
जैसे दूर से तारा चमके
चमके रूप जवानी
जीवे रूप जवानी
जोत जगी हर मन में
पंखी राजा मीठा बोल
नदिया रानी मीठा बोल
सुन्दर गोरी मीठा बोल

2. सुखी रहें तेरी रात

सुखी रहे तेरी रात चंदा सुखी रहे तेरी रात
दूर है चैन की नगरी चंदा दूर है सुख का गाँव
जाने कैसे राह कटेगी हारे थक थक पाँव
ओट में बैठे बैरी चंदा—थाम ले मेरा हाथ
सुखी रहे तेरी रात
तेरी दया से दीप जला है इस पापन के द्वारे
जाने कैसे भाग जगे हैं भूल गये दुख सारे
मन काँपे जी धड़के, चंदा छूट न जाये साथ
सुखी रहे तेरी रात

3. कोई दीप जलाओ

बुझ गया चंदा, लुट गया घरवा, बाती बुझ गई रे
दैया राह दिखाओ
मोरी बाती बुझ गई रे, कोई दीप जलाओ
रोने से कब रात कटेगी, हठ न करो, मन जाओ
मनवा कोई दीप जलाओ
काली रात से ज्योति लाओ
अपने दुख का दीप बनाओ
हठ न करो, मन जाओ
मनवा कोई दीप जलाओ

सेहरा

सजाओ बज़्म[1] दर-ए-मयकदा कुशादा करो[2]
उठाओ साज़-ए-तरब[3], एहतमाम-ए-बादा[4] करो
जलाओ चाँद सितारे, चिराग़ काफ़ी नहीं
ये: शब है जश्न की शब रौशनी ज़ियादा करो

सजाओ बज़्म के: रंज-ओ-अलम[5] के ज़ख़्म सिले
बिसात-ए-लुत्फ़-ओ-मुहब्बत पे[6] आज यार मिले
दुआ को हाथ उठाओ के: वक़्त-ए-नेक[7] आया
रुख़-ए-अज़ीज़[8] पे सेहरे के आज फूल खिले

---

1. महफ़िल, 2. मयख़ाने के द्वार खोल दो, 3. ख़ुशी का साज़, 4. जाम का प्रबंध, 5. दुख-दर्द, 6. प्रेम की धरा पर, 7. शुभ घड़ी, 8. दोस्त के चेहरे पर।

उठाओ हाथ केः येः वक़्त-ए-ख़ुश मुदाम[1] रहे
शब-ए-निशात-ओ-बिसात-ए-तरब दवाम रहे[2]
तुम्हारा सह् न मुनव्वर[3] हो मिस्ल-ए-सह् न-ए-चमन[4]
और इस चमन में बहारों का इंतज़ाम रहे

मुनीज़ा की सालगिरह*

इक मुनीज़ा हमारी बेटी है
जो बहुत ही प्यारी बेटी है
हम ही कब उसको प्यार करते हैं
सब के सब उसको प्यार करते हैं
कैसे सब को ना आए प्यार उस पर
है वही तो हमारी डिक्टेटर
प्यार से जो भी जी चुरायेगा
वोः ज़रूर उससे मार खायेगा
ख़ैर येः बात तो हँसी की है
वैसे सचमुच बहुत वोः अच्छी है
फूल की तरह उसकी रंगत है
चाँद की तरह उसकी सूरत है
जब वोः ख़ुश होके मुस्कुराती है
चाँदनी जग में फैल जाती है
पढ़ने लिखने में ख़ूब क़ाबिल है
खेलने कूदने में कामिल[5] है

1. हमेशा, 2. ऐश की रात और ख़ुशी का वातावरण स्थायी हो जाए, 3. प्रकाशमय, 4. वाटिका का आँगन, 5. पूर्ण।
* अपनी छोटी बेटी मुनीज़ा की वर्षगाँठ पर।

उम्र देखो तो आठ साल की है
अक़्ल देखो तो साठ साल की है
फिर वोः गाना भी अच्छा गाती है
गरचेः[1] तुम को नहीं सुनाती है
बात करती है इस क़दर मीठी
जैसे डाली पे कूक बुलबुल की
हाँ कोई उसको जब सताता है
तब ज़रा ग़ुस्सा आ ही जाता है
पर वोः जल्दी से मन भी जाती है
कब किसी को भला सताती है
है शिगुफ़्ता बहुत मिज़ाज[2] उसका
सारा उम्दा है काम काज उसका
है मुनीज़ा की आज सालगिरह
हर तरफ़ शोर है मुबारक का
चाँद तारे दुआएँ देते हैं
फूल उसकी बलाएँ लेते हैं
बाग़ में गा रही है येः बुलबुल
''तुम सलामत रहो मुनीज़ा गुल''
अम्मी अब्बा भी और बाजी भी
आन्टियाँ और बहन भाई भी
आज सब उसको प्यार कहते हैं
मिल के सब बार-बार कहते हैं
फिर यूँ ही शोर हो मुबारक का
आए सौ बार तेरी सालगिरह
सौ तो क्या सौ हज़ार बार आये
यूँ कहो, बेशुमार[3] बार आये
लाये हर बार अपने साथ ख़ुशी
और हम सब कहा करें यूँ ही
येः मुनीज़ा हमारी बेटी है
येः बहुत ही प्यारी बेटी है।

---

1. यद्यपि, 2. प्रसन्न स्वभाव, 3. अनगिनत।

ईरानी तुलबा[1] के नाम

(जो अमन और आज़ादी की ज़द्द-ओ-जहद[2] में काम आये)

ये: कौन सख़ी[3] हैं
जिन के लहू की अशर्फ़ियाँ छन-छन, छन-छन
धरती की पैहम[4] प्यासी
कशकोल[5] में ढलती जाती हैं
कशकोल को भरती जाती हैं
ये कौन जवाँ हैं अर्ज़-ए-अजम[6]
ये: लखलुट[7]
जिनके जिस्मों की
भरपूर जवानी का कुंदन
यूँ ख़ाक में रेज़ा-रेज़ा[8] है
यूँ कूचा-कूचा बिखरा है
ऐ अर्ज़-ए-अजम, ऐ अर्ज़-ए-अजम
क्यूँ नोच के हँस हँस फेंक दिये
इन आँखों ने अपने नीलम[9]
इन होंटों ने अपने मर्जां[10]
इन हाथों की बेकल चाँदी
किस काम आई, किस हाथ लगी ?

---

1. छात्रों, 2. संघर्ष, 3. दानी, 4. निरंतर, 5. भिक्षापात्र, 6. ईरान की धरती, 7. लाखों लुटानेवाले, 8. टुकड़े-टुकड़े, 9. हीरे, 10. मूँगे।

ऐ पूछने वाले परदेसी
येः तिफ़्ल-ओ-जवाँ[1]
उस नूर के नौरस[2] मोती हैं
उस आग की कच्ची कलियाँ हैं
जिस मीठे नूर और कड़वी आग
से ज़ुल्म की अन्धी रात में फूटा
सुब्ह-ए-बग़ावत का गुलशन
और सुब्ह हुई मन-मन, तन-तन
इन जिस्मों का चाँदी सोना
इन चेहरों के नीलम-मर्जां
जगमग, जगमग रख़्शाँ-रख़्शाँ[3]
जो देखना चाहे परदेसी
पास आये देखे जी भरकर
येः ज़ीस्त[4] की रानी का झूमर
येः अमन की देवी का कंगन

AFRICA COME BACK*

आ जाओ, मैंने सुन ली तेरे ढोल की तरंग
आ जाओ, मस्त हो गई मेरे लहू की ताल
"आ जाओ, एफ़्रीका"
आ जाओ, मैंने धूल से माथा उठा लिया
आ जाओ, मैंने छील दी आँखों से ग़म की छाल
आ जाओ, मैंने दर्द से बाज़ू छुड़ा लिया
आ जाओ, मैंने नोच दिया बेकसी का जाल
"आ जाओ, एफ़्रीका"

---

1. बच्चे और युवक, 2. नये, 3. दमकते हुए, 4. जीवन।
* अफ़्रीकी-स्वतन्त्रता प्रेमियों का नारा।

पंजे में हथकड़ी की कड़ी बन गई हैं ग़ुर्ज़[1]
गर्दन का तौक़[2] तोड़ के ढाली है मैंने ढाल
''आ जाओ, एफ़्रीका''
जलते हैं हर कछार में भालों के मृग-नयन
दुश्मन लहू से रात की कालिख हुई है लाल
''आ जाओ, एफ़्रीका
धरती धड़क रही है मेरे साथ एफ़्रीका
दरिया थिरक रहा है, तो बन दे रहा है ताल
मैं एफ़्रीका हूँ, धार लिया मैंने तेरा रूप
मैं तू हूँ, मेरी चाल है तेरी बबर की चाल
''आ जाओ एफ़्रीका'' आओ बबर की चाल
''आ जाओ, एफ़्रीका''

सर-ए-वादी-ए-सीना

[1]
फिर बर्क़ फ़रोज़ाँ है सर-ए-वादी-ए-सीना[3]
फिर रंग पे है शोला-ए-रुख़्सार-ए-हक़ीक़त[4]
पैग़ाम-ए-अजल,[5] दावत-ए-दीदार-ए-हक़ीक़त[6]
ऐ दीदा-ए-बीना[7]

---

1. गदा, 2. हँसली, 3. सिनाई की घाटी पर फिर बिजली चमक रही है—सिनाई की घाटी में, जहाँ 1967 का अरब-इज़राइल युद्ध लड़ा गया, हज़रत मूसा ने चकाचौंध कर देनेवाली अध्यात्म ज्योति के रूप में ख़ुदा के दर्शन किये थे, जिसके तेज़ के कारण वह बेहोश हो गये थे और 'तूर' का पहाड़ भस्म हो गया था, 4. सत्य के कपोल की लालिमा, 5. मृत्यु का संदेश, 6. सत्य के दर्शन का नियन्त्रण, 7. पारखी नज़र।

अब वक़्त है दीदार का, दम है के: नहीं है
ऐ जज़्बा-ए-दिल, दिल का भरम है के: नहीं है
अब क़ातिल-ए-जाँ, चारागर-ए-कुल्फ़त-ए-ग़म[1] है
गुलज़ार-ए-इरम[2], परतव-ए-सहरा-ए-अदम[3] है
पिंदार-ए-जुनूँ[4]
हौसला-ए-राह-ए-अदम[5] है के: नहीं है

[2]

फिर बर्क़ फ़रोजाँ है सर-ए-वादी-ए-सीना
ऐ दीदा-ए-बीना
फिर दिल को मुसफ़्फ़ा[6] करो, इस लौह[7] पे: शायद
माबैन-ए-मन-ओ-तू[8] नया पैमाँ[9] कोई उतरे
अब रस्म-ए-सितम, हिकमत-ए-खासान-ए-ज़मीं[10] है
ताईद-ए-सितम[11], मसलहत-ए-मुफ़्ती-ए-दीं[12] है
अब सदियों के इक़रार-ए-इताअत[13] को बदलने
लाज़िम है के: इन्कार का फरमाँ[14] कोई उतरे

[3]

सुनो के: शायद ये: नूर-ए-सैकल[15]
है इस सहीफ़े का हर्फ़-ए-अव्वल[16]
जो हर कस-ओ-नाकस-ए-ज़मीं[17] पर
दिल-ए-गदायान-ए-अज़मई[18] पर

उतर रहा है फ़लक से अब के
सुनो के: इस हर्फ़-ए-लम-यज़ल[19] के
हमीं तुम्हीं बंदगान-ए-बेकस[20]

---

1. दिलों के दुखों का इलाज करनेवाला, 2. स्वर्ग रूपी उद्यान, 3. मृत्यु लोक की परछाईं, 4. उन्माद का स्वाभिमान, 5. स्वर्गलोक तक जाने का साहस, 6. पवित्र, 7. तख़्ती, 8. तेरे-मेरे बीच, 9. वचन, 10. विश्व के उच्च लोगों की नीति, 11. अत्याचार का समर्थन, 12. धर्मनेता की व्यवहार-कुशलता, 13. उपासना के बंधन, 14. नकारात्मक आदेश, 15. ज्योति, 16. धर्मग्रन्थ का प्रथम शब्द, 17. धरती के छोटे-बड़े पर, 18. फ़क़ीरों के हृदय, 19. सृष्टि के आदि स्वर, 20. मजबूर बन्दे ।

अ़लीम[1] भी हैं, ख़बीर[2] भी हैं
सुनो केः हम बेज़बान-ओ-बेकस
बशीर[3] भी हैं, नज़ीर[4] भी हैं

हर इक उलिल-अम्र[5] को सदा दो
केः अपनी फ़र्द-ए-अमल[6] सँभाले
उठेगा जब जम्म-ए-सरफ़रोशाँ[7]
पड़ेंगे दार-ओ-रसन[8] के लाले
कोई नः होगा केः जो बचा ले
जज़ा सज़ा[9] सब यहीं पे होगी
यहीं अज़ाब-ओ-सवाब[10] होगा
यहीं से उट्ठेगा शोर-ए-महशर[11]
यहीं पे रोज़-ए-हिसाब[12] होगा

इन्क़लाब-ए-रूस

(रूसी क्रांति की 50वीं वर्षगाँठ पर)

मुर्ग़-ए-बिस्मल के मानिंद[13] शब तिलमिलाई
उफ़क़-ता-उफ़क़[14]
सुब्ह-ए-महशर[15] की पहली किरन जगमगाई
तो तारीक आँखों से बोसीदा[16] पर्दे हटाये गये
दिल जलाये गये
तबक़-दर-तबक़[17]
आसमानों के दर
यूँ खुले हफ़्त अफ़लाक[18], आईना से हो गये
शर्क़ ता गर्ब[19] सब क़ैदख़ानों के दर

---

1. सबकुछ जाननेवाला, 2. ख़बर रखनेवाला, 3. शुभ संदेश लानेवाला, 4. डरानेवाला (ख़ुदा की विभिन्न उपाधियाँ), 5. सत्ताधारी, 6. कर्मों का ब्यौरा, 7. सिर कटानेवालों की भीड़ 8. फाँसी व फन्दे, 9. पुरस्कार व दण्ड, 10. अच्छे व बुरे का बदला, 11. प्रलय का दिन, 12. कर्मों की जाँच का दिन, 13. घायल परिंदे की तरह, 14. क्षितिज में, 15. प्रलय का सवेरा, 16. फटे-पराने, 17. आसमानों में, 18. सात आसमान, 19. पूर्व से पश्चिम तक।

आज वा हो गये[1]
क़स्र-ए-जम्हूर[2] की तरहे-नौ[3] के लिये
आज नक़्श-ए-कुहन[4] सब मिटाये गये
सीना-ए-वक़्त से सारे ख़ूनीं क़फ़न
आज के दिन सलामत[5] उठाये गये
आज पा-ए-ग़ुलामाँ में ज़ंजीर-ए-पा[6]
ऐसी छनकी के: बाँग-ए-दिरा[7] बन गयी
दस्त-ए-मज़लूम[8] में हथकड़ी की कड़ी
ऐसी चमकी के: तेग़-ए-क़ज़ा[9] बन गयी

दो नज़्में फ़िलिस्तीन के लिए *

1. फ़िलिस्तीनी शुहदा[10] जो परदेस में काम आये

मैं जहाँ पर भी गया अर्ज़-ए-वतन
तेरी तज़लील[11] के दाग़ों की जलन दिल में लिये
तेरी हुरमत[12] के चिराग़ों की लगन दिल में लिये
तेरी उल्फ़त, तेरी यादों की कसक साथ गयी
तेरे नारंज शगूफ़ों की महक साथ गयी
सारे अनदेखे रफ़ीक़ों का जिलौ[13] साथ रहा
कितने हाथों से हम-आग़ोश मेरा हाथ रहा

दूर परदेस की बे-महर गुज़रगाहों[14] में
अजनबी शहर की बेनाम-ओ-निशाँ राहों में
जिस ज़मीं पे भी खुला मेरे लहू का परचम[15]
लहलहाता है वहाँ अर्ज़-ए-फ़िलिस्तीं का अलम[16]

तेरे आ'दा[17] ने किया एक फ़िलिस्तीं बरबाद
मेरे ज़ख़्मों ने किये कितने फ़िलिस्तीं आबाद

---

1. खुल गये, 2. जनतन्त्र का महल, 3. नई व्यवस्था, 4. पुरातन चिह्न, 5. सुरक्षित, 6. ग़ुलामों के पैरों में ज़ंजीर, 7. घंटे की आवाज़, 8. अत्याचार सहनेवाले का हाथ, 9. मौत की तलवार, 10. शहीद का बहुवचन, 11. अपमान, 12. पवित्रता, 13. छाया में, 14. रास्तों, 15. झंडा, 16. फ़िलिस्तीन का ध्वज, 17. दुश्मनों।

* बैरूत में रचित (1980)

2. फ़िलिस्तीनी बच्चे के लिए लोरी

मत रो बच्चे
रो रो के अभी
तेरी अम्मी की आँख लगी है

मत रो बच्चे
कुछ ही पहले
तेरे अब्बा ने
अपने ग़म से रुख़्सत[1] ली है
मत रो बच्चे
तेरा भाई
अपने ख़्वाब की तितली पीछे
दूर कहीं परदेस गया है
मत रो बच्चे
तेरी बाजी का
डोला पराये देस गया है
मत रो बच्चे तेरे आँगन में
मुर्दा सूरज नहला के गये हैं
चन्दरमा दफ़ना के गये हैं
मत रो बच्चे
अम्मी, अब्बा, बाजी, भाई
चाँद और सूरज
तू गर रोयेगा तो ये सब
और भी तुझ को रुलवायेंगे

तू मुस्कायेगा तो शायद
सारे एक दिन भेस बदल कर
तुझ से खेलने लौट आयेंगे

---

1. विदा।

एक नग़मा करबला-ए-बैरूत के लिए *

बैरूत निगार-ए-बज़्म-ए-जहाँ[1]
बैरूत बदील-ए-बाग़-ए-जिनाँ[2]

बच्चों की हँसती आँखों के
जो आईने चकनाचूर हुए
अब उनके सितारों की लौ से
इस शहर की रातें रौशन हैं

जो चेहरे लहू के ग़ाज़े[3] की
ज़ीनत से सिवा पुरनूर[4] हुए
अब उनकी दमक के परतव[5] से
इस शहर की गलियाँ रौशन हैं
अब जगमग है अर्ज़-ए-लबनाँ[6]

बैरूत निगार-ए-बज़्म-ए-जहाँ
बैरूत बदील-ए-बाग़-ए-जिनाँ

हर कुश्ता मकाँ[7] हर एक खंडर
हम-पाया-ए-क़स्र-ए-दारा[8] है
हर ग़ाज़ी[9] रश्क-ए-इस्कन्दर[10]
हर दुख़्तर[11] क़ामत-ए-लैला[12] है

येः शहर अज़ल[13] से क़ायम है
बैरूत दिल-ए-अर्ज़-ए-लबनाँ
बैरूत निगार-ए-बज़्म-ए-जहाँ
बैरूत बदील-ए-बाग़-ए-जिनाँ

---

* बैरूत पर इज्रायल के आक्रमण के समय रचित।

1. विश्व सुंदरी, 2. स्वर्ग-वाटिका के समान, 3. पाउडर, 4. और अधिक सुशोभित, 5. चमक, 6. लेबनान की धरती, 7. जला हुआ मकान, 8. दारा के महल समान, 9. योद्धा, 10. सिकंदर से बढ़कर, 11. बेटी, 12. लैला-जैसी, 13. आदि-दिवस।

ग़ज़लें

नक्श-ए-फ़रियादी

"हसरतों का मेरी शुमार नहीं"

इश्क़ मिन्नत कश-ए-क़रार[1] नहीं
हुस्न मजबूर-ए-इंतज़ार नहीं
तेरी रंजिश की इंतिहा[2] मालूम
हसरतों का मेरी शुमार नहीं
अपनी नज़रें बखेर दे साक़ी
मय ब-अंदाज़ा-ए-खुमार[3] नहीं
ज़ेर-ए-लब है अभी तबस्सुम-ए-दोस्त
मुंतशिर[4] जलवा-ए-बहार नहीं
अपनी तकमील[5] कर रहा हूँ मैं
वरना तुझ से तो मुझ को प्यार नहीं
चारा-ए-इंतज़ार[6] कौन करे
तेरी नफ़रत भी उस्तवार[7] नहीं
'फ़ैज़' ज़िंदा रहें, वोः हैं तो सही
क्या हुआ गर वफ़ाशेआर[8] नहीं

---

1. चैन का इच्छुक, 2. अन्त, 3. नशा पूरा करने भर, 4. बिखरा हुआ, 5. पूर्ति, 6. प्रतीक्षा का समाधान, 7. स्थायी, 8. वफ़ादार।

काश अफ़्शा-ए-राज़ हो जाये

हर हक़ीक़त मजाज़[1] हो जाये
काफ़िरों की नमाज़ हो जाये
दिल रहीन-ए-नियाज़[2] हो जाये
बेकसी कारसाज़[3] हो जाय
मिन्नत-ए-चारा-साज़[4] कौन करे
दर्द जब जाँ-नवाज़[5] हो जाए
इश्क़ दिल में रहे तो रुस्वा हो
लब पे आये तो राज़ हो जाये
लुत्फ़ का इंतज़ार करता हूँ
जौर[6] ता-हद्द-ए-नाज़[7] हो जाये
उम्र बे-सूद कट रही है 'फ़ैज़'
काश अफ़्शा-ए-राज़[8] हो जाये

मगर येः दूर की बातें कोई नादान क्या समझे

वोः अह्द-ए-ग़म[9] की काहिश-हाए-बेहासिल[10] को क्या समझे
जो उन की मुख़्तसर रूदाद भी सब्र आज़मा[11] समझे
यहाँ वाबस्तगी[12], वाँ बरहमी[13], क्या जानिये क्यूँ है?
न हम अपनी नज़र समझे, न हम उनकी अदा समझे

---

1. भ्रम, 2. श्रद्धा से भर जाना, 3. सफल, 4. चिकित्सक की ख़ुशामद, 5. जान का साथी, 6. अत्याचार, 7. नाज़ की हद तक, 8. राज़ खुलना, 9. दुख के दिन, 10. व्यर्थ की वेदना, 11. उकतानेवाली, 12. लगाव, 13. क्रोध।

फ़रेब-ए-आरज़ू की सहल-अंगारी[1] नहीं जाती
हम अपने दिल की धड़कन को तेरी आवाज़-ए-पा[2] समझे
तुम्हारी हर नज़र से मुंसलिक[3] है रिश्ता-ए-हस्ती[4]
मगर ये: दूर की बातें कोई नादान क्या समझे
न: पूछो अह्दे-उलफ़त की, बस इक ख़्वाब-ए-परीशाँ था
न दिल को राह पर लाये, न दिल का मुद्दआ[5] समझे,

मैं नहीं या वफ़ा नहीं बाक़ी

हिम्मत-ए-इल्तिजा[6] नहीं बाक़ी
ज़ब्त का हौसला नहीं बाक़ी
इक तेरी दीद[7] छिन गई मुझ से
वरना दुनिया में क्या नहीं बाक़ी
अपनी मश्क़-ए-सितम[8] से हाथ न: खेंच
मैं नहीं या वफ़ा नहीं बाक़ी
तेरी चश्म-ए-अलम-नवाज़[9] की ख़ैर
दिल में कोई गिला नहीं बाक़ी
हो चुका ख़त्म अह्द-ए-हिज्र-ओ-विसाल[10]
ज़िंदिगी में मज़ा नहीं बाक़ी

---

1. सुगमता की खोज, 2. क़दमों की चाप, 3. जुड़ा हुआ, 4. अस्तित्व का नाता, 5. उद्देश्य, 6. प्रार्थना का साहस, 7. दर्शन, 8. अत्याचार का अभ्यास, 9. दुख में सहारा देनेवाली, 10. विरह एवं मिलन।

तुम क्या गये केः रूठ गये दिन बहार के

दोनों जहान तेरी मुहब्बत में हार के
वोः जा रहा है कोई शब-ए-ग़म गुज़ार के
वीराँ[1] है मयकदा, ख़ुम-ओ-साग़र[2] उदास है
तुम क्या गये केः रूठ गये दिन बहार के
इक फ़ुर्सत-ए-गुनाह मिली, वोः भी चार दिन
देखे हैं हमने हौसले परवरदिगार[3] के
दुनिया ने तेरी याद से बेगाना कर दिया
तुझसे भी दिलफ़रेब हैं ग़म रोज़गार[4] के
भूले से मुस्करा तो दिये थे वोः आज 'फ़ैज़'
मत पूछो वलवले दिल-ए-नाकर्दा कार[5] के

वोः बेख़बर ही सही, इतने बेख़बर भी नहीं

वफ़ा-ए-वादा[6] नहीं, वादा-ए-दिगर[7] भी नहीं
वोः मुझसे रूठे तो थे, लेकिन इस क़दर भी नहीं
बरस रही है हरीम-ए-हवस[8] में दौलत-ए-हुस्न
गदा-ए-इश्क़ के कासे[9] में एक नज़र भी नहीं
नः जाने किसलिए उम्मीदवार बैठा हूँ
इक ऐसी राह पे जो तेरी रहगुज़र भी नहीं

---

1. वीरान, 2. सुराही व जाम, 3. ईश्वर, 4. दुनिया, 5. अनुभवहीन हृदय, 6. वादा निभाया, 7. दूसरा वादा, 8. वासना का घर, 9. इश्क़ के फ़क़ीर के प्याले।

निगाह-ए-शौक़[1] सर-ए-बज़्म[2] बे-हिजाब[3] नः हो
वोः बेख़बर ही सही, इतने बेख़बर भी नहीं
येः अह्द-ए-तर्क-ए-मुहब्बत[4] है किसलिए आख़िर
सुकून-ए-क़ल्ब[5] इधर भी नहीं, उधर भी नहीं

आप से दिल लगा के देख लिया

राज़-ए-उल्फ़त छुपा के देख लिया
दिल बहुत कुछ जला के देख लिया
और क्या देखने को बाक़ी है
आप से दिल लगा के देख लिया
वोः मेरे होके भी मेरे नः हुए
उनको अपना बना के देख लिया
आज उनकी नज़र में कुछ हमने
सब की नज़रें बचा के देख लिया
'फ़ैज़' तकमील-ए-ग़म[6] भी हो नः सकी
इश्क़ को आज़मा के देख लिया

जाने किस किस को आज रो बैठे

फिर हरीफ़-ए-बहार[7] हो बैठे
जाने किस किस को आज रो बैठे
थी, मगर इतनी रायगाँ[8] भी नः थी
आज कुछ ज़िंदिगी से खो बैठे

---

1. प्रेम भरी दृष्टि, 2. भरी सभा में, 3. सामने आना, 4. प्रेम-त्याग का प्रण, 5. हृदय की शांति, 6. दुख की पूर्णता, 7. बहार के दुश्मन, 8. व्यर्थ।

तेरे दर तक पहुँच के लौट आये
इश्क़ की आबरू डुबो बैठे
सारी दुनिया से दूर हो जाये
जो ज़रा तेरे पास हो बैठे
नः गई तेरी बे-रुख़ी नः गयी
हम तेरी आरज़ू भी खो बैठे
'फ़ैज़' होता रहे जो होना है
शे'र लिखते रहा करो बैठे

कुछ कहती है हर राह हर इक राहगुज़र से

फिर लौटा है खुशीर्द-ए-जहाँताब[1] सफ़र से
फिर नूरे-ए-सहर[2] दस्तो-गरेबाँ[3] है सहर से
फिर आग भड़कने लगी हर साज़-ए-तरब[4] में
फिर शोले लपकने लगे हर दीदा-ए-तर[5] से
फिर निकला है दीवाना कोई फूँक के घर को
कुछ कहती है हर राह हर इक राहगुज़र से
साग़र तो खनकते हैं, शराब आये ना आये
बादल तो गरजते हैं घटा बरसे ना बरसे
पापोश[6] की क्या फ़िक्र है, दस्तार[7] सँभालो
पायाब[8] है जो मौज[9] गुज़र जायेगी सर से

1. दुनिया को चमकानेवाला सूरज, 2. सुबह का प्रकाश, 3.संघर्षरत, 4. खुशी का साज़, 5. भीगी आँख, 6. जूते, 7. पगड़ी, 8. पैरों तक, 9. लहर।

मगर दिल है केः उसकी ख़ाना वीरानी नहीं जाती

कई बार उसका दामन भर दिया हुस्न-ए-दो आलम[1] से
मगर दिल है केः उसकी ख़ाना वीरानी[2] नहीं जाती
कई बार इसकी ख़ातिर ज़र्रे-ज़र्रे का जिगर[3] चीरा
मगर येः चश्म-ए-हैराँ[4] जिसकी हैरानी नहीं जाती
मेरी चश्म-ए-तन आसाँ[5] को बसीरत[6] मिल गई जब से
बहुत जानी हुई सूरत भी पहचानी नहीं जाती
सरे-ख़ुसरव[7] से नाज़े-कजकुलाही[8] छिन भी जाता है
कुलाह-ए-ख़ुसरवी[9] से बू-ए-सुल्तानी[10] नहीं जाती
ब-जुज़ दीवानगी वाँ[11] और चारा ही कहो क्या है?
जहाँ अक़्ल-ओ-ख़िरद[12] की एक भी मानी नहीं जाती

दस्त–ए–सबा

वोः जब मिले हैं...

कभी कभी याद में उभरते हैं नक़्श-ए-माज़ी[13] मिटे मिटे से
वोः आज़माइश दिल-ओ-नज़र की, वोः क़ुरबतें सी, वोः फ़ासले से

कभी कभी आरज़ू के सहरा[14] में आके रुकते हैं क़ाफ़िले से
वोः सारी बातें लगाव की सी, वोः सारे उनवाँ विसाल के[15] से

1. दोनों लोक के सौन्दर्य, 2. घर की वीरानी, 3. कण-कण का दिल, 4. चकित आँख, 5. आरामप्रिय आँख, 6. देखने की शक्ति, 7. बादशाह का मस्तक, 8. राज गौरव, 9. बादशाह का ताज, 10. राज्य करने की आदत, 11. दीवानगी के अतिरिक्त वहाँ, 12. सूझ-बूझ, 13. बीते दिनों के चिह्न, 14. अभिलाषाओं के वन, 15. मिलन के विषय।

निगाह-ओ-दिल को क़रार कैसा निशात[1]-ओ-ग़म में
कमी कहाँ की
वोः जब मिले हैं तो उन से हर बार की है उल्फ़त नये सिरे से

तुम्हीं कहो रिंदों-मुहतसिब[2] में है आज शब कौन फ़र्क़ ऐसा
येः आके बैठे हैं मयकदे में, वोः उठके आये हैं मयकदे से

अजीब रंग में अब के बहार गुज़री है

तुम आये हो, नः शब-ए-इंतज़ार गुज़री है
तलाश में है सहर, बार बार गुज़री है

जुनूँ में जितनी भी गुज़री, ब-कार[3] गुज़री है
अगरचेः दिल पे ख़राबी हज़ार गुज़री है

हुई है हज़रते-नासह से गुफ़्तगू[4] जिस शब
वोः शब ज़रूर सर-ए-कू-ए-यार[5] गुज़री है

वो बात सारे फ़साने[6] में जिसका ज़िक्र नः था
वोः बात उनको बहुत नागवार गुज़री है

नः गुल खिले हैं, नः उनसे मिले, नः मय पी है
अजीब रंग में अब के बहार गुज़री है

---

1. ख़ुशी, 2. पीनेवाला और उपदेशक, 3. सफल, 4. वार्ता, 5. यार की गली, 6. कहानी।

तुम्हारी याद के जब ज़ख़्म भरने लगते हैं

तुम्हारी याद के जब ज़ख़्म भरने लगते हैं
किसी बहाने तुम्हें याद करने लगते हैं
हर अजनबी, हमें महरम[1] दिखाई देता है
जो अब भी तेरी गली से गुज़रने लगते हैं
सबा से करते हैं ग़ुर्बत नसीब[2] ज़िक्र-ए-वतन[3]
तो चश्म-ए-सुब्ह[4] में आँसू उभरने लगते हैं
वो जब भी करते हैं इस नुत्क़-ओ-लब की बख़ियागरी[5]
फ़ज़ा[6] में और भी नग़मे बिखरने लगते हैं
दर-ए-क़फ़स[7] पेः अँधेरे की मुहर लगती है
तो 'फ़ैज़' दिल में सितारे उभरने लगते हैं

सहर क़रीब है दिल से कहो, नः घबराये

शफ़क़[8] की राख में जल-बुझ गया सितारा-ए-शाम
शब-ए-फ़िराक़ के गेसू[9] फ़ज़ा में लहराये

कोई पुकारो केः एक उम्र होने आई है
फ़लक[10] को क़ाफ़िला-ए-रोज़-ओ-शाम ठहराये

येः ज़िद है याद-ए-हरीफ़ान-ए-बादा-पैमाँ[11] की
केः शब को चाँद ना निकले, नः दिन को अब्र[12] आये

सबा ने फिर दर-ए-ज़िन्दाँ[13] पे आके दी दस्तक
सहर क़रीब है दिल से कहो, नः घबराये

---

1. परिचित, 2. घर से दूर रहने वाले, 3. घर की चर्चा, 4. सुबह की आँखों, 5. वाणी व होंठ बंद करना, 6. वातावरण, 7. कारावास के द्वार, 8. शाम की लाली, 9. ज़ुल्फ़ें, 10. आकाश, 11. पीनेवालों के शत्रुओं, 12. बादल, 13. जेल का द्वार।

इन दिनों बदनाम है हर एक दीवाने का नाम

रंग पैराहन[1] का, ख़ुशबू ज़ुल्फ़ लहराने का नाम
मौसम-ए-गुल[2] है तुम्हारे बाम[3] पर आने का नाम

फिर नज़र में फूल महके, दिल में फिर शम'एँ जलीं
फिर तसव्वुर[4] ने लिया उस बज़्म में जाने का नाम

अब किसी लैला को भी इक़रार-ए-महबूबी[5] नहीं
इन दिनों बदनाम है हर एक दीवाने का नाम

हम से कहते हैं चमन वाले, ग़रीबान-ए-चमन[6]
तुम कोई अच्छा सा रख लो अपने वीराने का नाम

'फ़ैज़' उनको है तक़ाज़ा-ए-वफ़ा हमसे जिन्हें
आशना[7] के नाम से प्यारा है बेगाने[8] का नाम

दिल में अब यूँ तेरे भूले हुए ग़म आते हैं

दिल में अब यूँ तेरे भूले हुए ग़म आते हैं
जैसे बिछड़े हुए क़ाबे में सनम[9] आते हैं

एक-इक करके हुए जाते हैं तारे रौशन
मेरी मंज़िल की तरफ़ तेरे क़दम आते हैं

---

1. लिबास, 2. बहार का मौसम, 3. अटारी, 4. कल्पना, 5. प्रेम स्वीकृति, 6. उद्यान से बाहर रहनेवाले, 7. अपने, 8. ग़ैर, 9. मूर्तियाँ।

रक़्स-ए-मय[1] तेज़ करो, साज़ की लय तेज़ करो
सू-ए-मयख़ाना[2] सफ़ीरान-ए-हरम[3] आते हैं

कुछ हमीं को नहीं एहसान उठाने का दिमाग़
वोः तो जब आते हैं, माइल-ब-करम[4] आते हैं

और कुछ देर नः गुज़रे, शब-ए-फ़ुक़त[5] से कहो
दिल भी कम दुखता है, वोः याद भी कम आते हैं

जो भी चल निकली है वोः बात कहाँ ठहरी है

अब वही हर्फ़-ए-ज़ुनूँ[6] सब की ज़बाँ ठहरी है
जो भी चल निकली है वोः बात कहाँ ठहरी है

आज तक शेख़ के इकराम[7] में जो शै[8] थी हराम
अब वही दुश्मन-ए-दीं[9], राहत-ए-जाँ[10] ठहरी है

है वही आरिज़-ए-लैला[11], वही शीरीं का दहन[12]
निगह-ए-शौक़ घड़ी भर को जहाँ ठहरी है

वस्ल की शब थी तो किस दर्जा सुबुक[13] गुज़री थी
हिज्र[14] की शब है तो क्या सख़्त गराँ[15] ठहरी है

1. शराब के दौर, 2. मयख़ाने की ओर, 3. धर्म के प्रतिनिधि, 4. कृपालु, 5. विरह की रात, 6. उन्माद का शब्द, 7. कृपादृष्टि, 8. वस्तु, 9. धर्म-विरोधी, 10. सुखदायी, 11. लैला का कपोल, 12. मुख, 13. आसान, 14. विरह, 15. भारी।

बिखरी इक बार तो हाथ आई है कब मौज-ए-शमीम[1]
दिल से निकली है तो कब लब पे फ़ुग़ाँ[2] ठहरी है

दस्त-ए-सैयाद भी आजिज़ है[3], कफ़-ए-गुलचीं[4] भी
बू-ए-गुल ठहरी नः बुलबुल की ज़बाँ ठहरी है

आते आते यूँ ही दम भर को रुकी होगी बहार
जाते जाते यूँ ही पल भर को ख़िज़ाँ[5] ठहरी है

हम ने जो तर्ज़-ए-फ़ुग़ाँ[6] की है क़फ़स में ईजाद[7]
'फ़ैज़' गुलशन में वही तर्ज़-ए-बयाँ[8] ठहरी है

आज तुम याद बे-हिसाब आये

आये कुछ अब्र कुछ शराब आये
उसके बाद आये जो अज़ाब आये

हर रग-ए-ख़ूँ में फिर चिराग़ाँ[9] हो
सामने फिर वोः बे-नक़ाब आये

कर रहा था ग़म-ए-जहाँ[10] का हिसाब
आज तुम याद बे-हिसाब आये

नः गई तेरे ग़म की सरदारी
दिल में यूँ रोज़ इनक़लाब आये

'फ़ैज़' थी राह सर-ब-सर मंज़िल[11]
हम जहाँ पहुँचे, कामयाब आये

---

1. सुगंध की लहर, 2. दुहाई, 3. शिकारी का हाथ भी परेशान है, 4. फूल चुननेवाले का हाथ, 5. पतझड़, 6. फ़रियाद का ढंग, 7. पिंजरे में आविष्कार, 8. बात कहने का ढंग, 9. दीप जलाना, 10. दुनिया के ग़म, 11. मंज़िल के साथ-साथ।

रहबर से अपनी राह जुदा कर चले हैं हम

क़र्ज़-ए-निगाह-ए-यार अदा कर चुके हैं हम
सब कुछ निसार-ए-राह-ए-वफ़ा कर चुके हैं हम

अब एहतियात की कोई सूरत[1] नहीं रही
क़ातिल से रस्म-ओ-राह सिवा[2] कर चुके हैं हम

देखें है कौन कौन, ज़रूरत नहीं रही
कू-ए-सितम[3] में सब को ख़फ़ा कर चुके हैं हम

अब अपना इख़्तियार[4] है, चाहें जहाँ चलें
रहबर[5] से अपनी राह जुदा कर चुके हैं हम

उनकी नज़र में, क्या करें, फीका है अब भी रंग
जितना लहू था सर्फ़-ए-क़बा[6] कर चुके हैं हम

कुछ अपने दिल की ख़ू का भी शुकराना चाहिए
सौ बार उनकी ख़ू का गिला[7] कर चुके हैं हम

ज़िन्दाँनामा

तुझ को चाहा तो और चाह नः की

शेख़ साहब[8] से रस्म-ओ-राह नः की
शुक्र है ज़िंदिगी तबाह नः की

---

1. बचाव का कोई रास्ता, 2. सम्पर्क बढ़ाना, 3. अत्याचार की गली, 4. अधिकार, 5. पथ-प्रदर्शक, 6. वस्त्रों पर व्यय, 7. स्वभाव की शिकायत, 8. बात-बात पर धर्म की दुहाई देनेवाला।

तुझ को देखा तो सैर-चश्म[1] हुए
तुझ को चाहा तो और चाह नः की

तेरे दस्त-ए-सितम का इज्ज़[2] नहीं
दिल ही काफ़िर था जिसने आह नः की

कौन क़ातिल बचा है शह्र में 'फ़ैज़'
जिससे यारों ने रस्म-ओ-राह नः की

दर्द का चाँद बुझ गया, हिज्र की रात ढल गई

शाम-ए-फ़िराक़[3] अब ना पूछ, आई और आके टल गई
दिल था केः फिर बहल गया, जाँ थी केः फिर सँभल गई

बज़्म-ए-ख़याल[4] में, तेरे हुस्न की शम्अ' जल गई
दर्द का चाँद बुझ गया, हिज्र की रात ढल गई

जब तुझे याद कर लिया, सुब्ह महक-महक उठी
जब तेरा ग़म जगा लिया, रात मचल-मचल गई

दिल से तो हर मुआमला करके चले थे साफ़ हम
कहने में उनके सामने बात बदल-बदल गई

आख़िर-ए-शब के हमसफ़र[5] 'फ़ैज़' नः जाने क्या हुए
रह गई किस जगह सबा[6], सुबह किधर निकल गई

---

1. आँखें तृप्त होना, 2. अत्याचारी हाथ की कमज़ोरी, 3. विरह की शाम, 4. ख़यालों की महफ़िल, 5. पिछले पहर की संगी, 6. सुगंधित पवन।

दर्द की रात ढल चली है

बात बस से निकल चली है
दिल की हालत सँभल चली है

अब जुनूँ[1] हद से बढ़ चला है
अब तबिअत बहल चली है

अश्क[2] ख़ूँनाब[3] हो चले हैं
ग़म की रंगत बदल चली है

लाख पैग़ाम हो गये हैं
जब सबा इक पल चली है

जाओ, अब सो रहो सितारो
दर्द की रात ढल चली है

येः जान तो आनी-जानी है...

कब याद में तेरा साथ नहीं, कब हाथ में तेरा हाथ नहीं
सद शुक्र[4] केः अपनी रातों में अब हिज्र की कोई रात नहीं

मुश्किल हैं अगर हालात वहाँ, दिल बेच आयें, जाँ दे आयें
दिलवालो कूचा-ए-जानाँ[5] में क्या ऐसे भी हालात नहीं

---

1. दीवानगी, 2. आँसू, 3. लहू के रंग, 4. सौ बार कृतज्ञता, 5. प्रेमिका की गली।

जिस धज से कोई मक़तला[1] में गया, वो: शान सलामत
रहती है
ये: जान तो आनी-जानी है, इस जान की कोई बात नहीं

मैदान-ए-वफ़ा दरबार नहीं, याँ आन-ओ-नसब[2] की पूछ कहाँ
आशिक़ तो किसी का नाम नहीं, कुछ इश्क़ किसी
की ज़ात नहीं

गर बाज़ी इश्क़ की बाज़ी है, जो चाहो लगा दो, डर कैसा
गर जीत गये तो क्या कहना, हारे भी तो बाज़ी मात नहीं

चले भी आओ के: गुलशन का कारोबार चले

गुलों में रंग भरे बाद-ए-नौबहार[3] चले
चले भी आओ के: गुलशन का कारोबार चले

क़फ़स[4] उदास है, यारो सबा से कुछ तो कहो
कहीं तो बहर-ए-ख़ुदा[5] आज ज़िक्र-ए-यार चले

बड़ा है दर्द का रिश्ता, ये: दिल ग़रीब सही
तुम्हारे नाम पे आयेंगे, ग़मगुसार[6] चले

जो हम पे गुज़री सो गुज़री, मगर शब-ए-हिज्राँ[7]
हमारे अश्क तेरी आक़बत[8] सँवार चले

मुक़ाम,[9] 'फ़ैज़' कोई राह में जँचता ही नहीं
जो कू-ए-यार से निकले तो सू-ए-दार[10] चले

---

1. क़त्ल करने का स्थान, 2. ख्याति व कुल, 3. नई बहार की हवा, 4. पिंजरा (कारावास), 5. ख़ुदा के वास्ते, 6. हमदर्द, 7. विरह की रात, 8. अन्त, 9. स्थान, 10. सूली की ओर।

बे-दम हुए बीमार दवा क्यूँ नहीं देते

बे-दम हुए बीमार दवा क्यूँ नहीं देते
तुम अच्छे मसीहा हो शिफ़ा[1] क्यूँ नहीं देते

दर्द-ए-शब-ए-हिज्राँ की जज़ा[2] क्यूँ नहीं देते
ख़ून-ए-दिल-ए-वहशी का सिला[3] क्यूँ नहीं देते

मिट जाएगी मख़लूक़[4] तो इंसाफ़ करोगे
मुंसिफ़[5] हो तो अब हश्र[6] उठा क्यूँ नहीं देते

पैमान-ए-जुनूँ[7] हाथों को शरमायेगा कब तक
दिलवालो, गरीबाँ[8] का पता क्यूँ नहीं देते

बरबादी-ए-दिल-जब्र[9] नहीं 'फ़ैज़' किसी का
वोः दुश्मन-ए-जाँ[10] है तो भुला क्यूँ नहीं देते

जिन्हें जुर्म-ए-इश्क़ पे नाज़ था···

तेरे ग़म को जाँ की तलाश थी, तेरे जाँ-निसार चले गये
तेरी रह में करते थे सर तलब,[11] सर-ए-रहग़ुज़ार[12] चले गये

तेरी कज-अदाई[13] से हार के शब-ए-इंतज़ार चली गई
मेरे ज़ब्त-ए-हाल से रूठ कर मेरे ग़मगुसार[14] चले गये

---

1. आराम (रोगमुक्ति), 2. विरह की रात के दर्द के लिए पुरस्कार, 3. बदला, 4. सृष्टि, 5. न्यायप्रिय, 6. प्रलय, 7. दीवानगी का प्रण, 8. गिरेबान, 9. विवशता, 10. जान का दुश्मन, 11. सिर माँगना, 12. राह पर, 13. बाँकी अदाओं, 14. हमदर्द ।

न: सवाल-ए-वस्ल न:[1] अर्ज़-ए-ग़म[2], न: हिकायतें[3], न: शिकायतें
तेरे अहद[4] में दिल-ए-ज़ार[5] के सभी इख़्तियार[6] चले गये

ये: हमीं थे जिनके लिबास पर सर-ए- रू[7] सियाही लिखी गई
यही दाग़ थे जो सजा के हम सर-ए-बज़्म-ए-यार[8] चले गये

न: रहा, जुनून-ए-रुख़-ए-वफ़ा[9], ये रसन[10], ये: दार[11], करोगे क्या
जिन्हें जुर्म-ए-इश्क़ पे नाज़ था, वो: गुनाहगार चले गये

अब शहर में यारों की किस तरह बसर होगी

कब ठहरेगा दर्द ऐ दिल, कब रात बसर होगी
सुनते थे वो: आयेंगे, सुनते थे सहर होगी

कब जान लहू होगी, कब अश्क गुहर[12] होगा
किस दिन तेरी शनवाई,[13] ऐ दीदा-ए-तर[14] होगी

कब महकेगी फ़स्ल-ए-गुल, कब बहकेगा मयख़ाना
कब सुब्ह-ए-सुख़न[15] होगी, कब शाम-ए-नज़र होगी

वाइज़[16] है न: ज़ाहिद[17] है, नासेह[18] है न: क़ातिल है
अब शहर में यारों की किस तरह बसर होगी

कब तक अभी रह देखे, ऐ क़ामत-ए-जानानाँ[19]
कब हश्र[20] मुअय्यन[21] है, तुझको तो ख़बर होगी

---

1. मिलन की इच्छा, 2. दुख बताना, 3. कहानियाँ, 4. युग, 5. कमज़ोर दिल, 6. अधिकार, 7. चेहरे पर, 8. यार की महफ़िल, 9. वफ़ा का अंदाज़, 10. रस्सी, 11. फाँसी, 12. मोती, 13. सुनवाई, 14. भीगी आँख, 15. शायरी करने की सुबह, 16. धर्म-प्रचारक, 17. सयंमी, 18. उपदेशक, 19. प्रेमिका का व्यक्तित्व, 20. प्रलय, 21. निश्चित।

जो कहा तो सुन के उड़ा दिया…

नः गँवाओ नावक-ए-नीमकश[1], दिल-ए-रेज़ा-रेज़ा[2] गँवा दिया
जो बचे हैं संग[3] समेट लो, तन-ए-दाग़-दाग़ लुटा दिया

मेरे चारागर[4] को नवेद[5] हो, सफ़-ए-दुश्मनाँ[6] को ख़बर करो
जो वोः क़र्ज़ रखते थे जान पर वो हिसाब आज चुका दिया

करो कज[7] जबीं पे सर-ए-कफ़न[8], मेरे क़ातिलों को गुमाँ[9] नः हो
केः गुरूर-ए-इश्क़ का बाँकपन पस-ए-मर्ग[10] हमने भुला दिया

उधर एक हर्फ़ केः कुश्तनी[11], यहाँ लाख उज्र[12] था गुफ़्तनी[13]
जो कहा तो सुन के उड़ा दिया, जो लिखा तो पढ़ के मिटा दिया

जो रुके तो कोह-ए-गराँ[14] थे हम, जो चले तो जाँ से गुज़र गये
रह-ए-यार हमने क़दम क़दम तुझे यादगार बना दिया

सर-ए-वादी-ए-सीना

फिर शब-ए-वस्ल मुलाक़ात न होने पायी

शरह-ए-बेदर्दी-ए-हालात[15] नः होने पायी
अब के भी दिल की मुदारात[16] नः होने पायी

फिर वही वादा जो इक़रार नः बनने पाया
फिर वही बात जो इस्बात[17] नः होने पायी

---

1. आधा खींचा हुआ तीर, 2. कण-कण, 3. पत्थर, 4. चिकित्सक, 5. ख़ुशख़बरी, 6. दुश्मनों का समूह, 7. टेढ़ा, 8. कफ़न का छोर, 9. भ्रम, 10. मरने के बाद, 11. घातक, 12. विवशता, 13. कहने योग्य, 14. भारी पहाड़, 15. हालात की बेदर्दी की व्याख्या, 16. सत्कार, 17. सकारात्मक।

फिर वोः परवाने जिन्हें इज़्न-ए-शहादत[1] नः मिला
फिर वोः शम्एँ केः जिन्हें रात नः होने पायी

फिर वही जाँ-ब-लबी[2], लज़्ज़त-ए-मय[3] से पहले
फिर वोः महफ़िल जो ख़राबात[4] नः होने पायी

फिर दम-ए-दीद[5] रहे चश्म-ओ-नज़र दीद तलब
फिर शब-ए-वस्ल मुलाक़ात न होने पायी

फिर वहाँ बाब-ए-असर[6] जानिये कब बन्द हुआ
फिर यहाँ ख़त्म मुनाजात[7] नः होने पायी

'फ़ैज़' सर पर जो हर इक रोज़ क़यामत गुज़री
एक भी रोज़-ए-मुकाफ़ात[8] नः होने पायी

किनारे आ लगे उम्र-ए-रवाँ...

कहीं तो कारवान-ए-दर्द[9] की मंज़िल ठहर जाये
किनारे आ लगे उम्र-ए-रवाँ[10] या दिल ठहर जाये

अमाँ[11] कैसी केः मौज-ए-ख़ूँ[12] अभी सर से नहीं गुज़री
गुज़र जाये तो शायद बाज़ू-ए-क़ातिल[13] ठहर जाये
ख़ुमे-साक़ी में[14] जुज़ ज़हरे-हलाहल[15] कुछ नहीं बाक़ी
जो हो महफ़िल में इस इकराम[16] के क़ाबिल ठहर जाये

---

1. शहीद होने की अनुमति, 2. जान मुँह को आना, 3. शराब की मस्ती, 4. शराबियों की महफ़िल, 5. दर्शन के समय, 6. विनती स्वीकार होने का द्वार, 7. प्रार्थना गान, 8. बदले का दिन, 9. दर्द का क़ाफ़िला, 10. बढ़ती हुई आयु, 11. सुरक्षा भाव, 12. ख़ून की लहर, 13. क़ातिल का हाथ, 14. साक़ी की सुराही में, 15. विष के अतिरिक्त, 16. कृपा।

हमारी ख़ामुशी बस दिल से लब तक एक वक़्फ़ा[1] है
येः तूफ़ाँ है जो पल भर बर-लब-ए-साहिल[2] ठहर जाये

निगाह-ए-मुन्तज़र[3] कब तक करेगी आइनाबन्दी[4]
कहीं तो दश्त-ए-ग़म[5] में यार का महमिल[6] ठहर जाये

शाम-ए-शह्‌र-ए-याराँ

बुझ जायेगी यूँ भी…

ये मौसम-ए-गुल गरचेः[7] तरब खेज़[8] बहुत है
अहवाल-ए-गुल-ओ-लाला[9] ग़म अंगेज़[10] बहुत है

ख़ुश दावत-ए-याराँ[11] भी है यलग़ार-ए-उदू[12] भी
क्या कीजिये दिल का, जो कम आमेज़[13] बहुत है

यूँ पीर-ए-मुग़ाँ[14] शेख़-ए-हरम[15] से हुए यक-जाँ[16]
मयख़ाने में कमज़र्फ़ी-ए-परहेज़[17] बहुत है

इक गर्दन-ए-मख़लूक़[18] जो हर हाल में ख़म[19] है
इक बाज़ू-ए-क़ातिल है के ख़ूँ-रेज़[20] बहुत है

क्यूँ मशअल-ए-दिल[21] 'फ़ैज़' छुपाओ तह-ए-दामाँ[22]
बुझ जायेगी यूँ भी केः हवा तेज़ बहुत है

---

1. अवकाश, 2. किनारे पर, 3. प्रतीक्षारत दृष्टि, 4. नगर को सजाना, 5. ग़म का बीहड़, 6. ऊँट पर बँधा हौदा (जिसमें लैला बैठती थी), 7. यद्यपि, 8. आनन्दवर्धक, 9. फूलों की हालत, 10. दुखद, 11. यारों का निमंत्रण, 12. शत्रु का हमला, 13. कम घुलने-मिलनेवाला, 14. पीनेवालों का सरदार, 15. धर्म गुरु, 16. मिलकर एक अस्तित्व, 17. बचाव रूपी तंगदिली, 18. जनता की गर्दन, 19. झुकी हुई, 20. ख़ून बहानेवाला, 21. हृदय रूपी मशाल, 22. दामन के नीचे।

कभी हयात कभी मय हराम होती रही

हमीं से अपनी नवा[1] हमकलाम[2] होती रही
ये तेग़ अपने लहू में नियाम[3] होती रही

मुक़ाबिल-ए-सफ़-ए-आदा[4] जिसे किया आग़ाज़[5]
वो: जंग अपने ही दिल में तमाम होती रही

कोई मसीहा न: ईफ़ा-ए-अहद[6] को पहुँचा
बहुत तलाश पस-ए-क़त्ल-ए-आम[7] होती रही

ये बरहमन का करम,[8] वो: अता-ए-शेख़-ए-हरम[9]
कभी हयात[10] कभी मय हराम होती रही

जो कुछ भी बन न: पड़ा 'फ़ैज़' लुट के यारों से
तो रहज़नों[11] से दुआ-ओ-सलाम होती रही

अपने ज़िम्मे है तेरा क़र्ज़ न: जाने कब से

हसरत-ए-दीद में गुज़राँ हैं[12] ज़माने कब से
दश्त-ए-उम्मीद में गर्दां हैं[13] दिवाने कब से

देर से आँख पे उतरा नहीं अश्कों का अज़ाब[14]
अपने ज़िम्मे है तेरा क़र्ज़ न: जाने कब से

---

1. आवाज़, 2. वार्तारत, 3. म्यान, 4. दुश्मन की पंक्तियों, 5. आरंभ, 6. वचन निभाना, 7. जन हत्या के पश्चात्, 8. ब्राह्मण की कृपा, 9. मौलवी की देन, 10. जीवन, 11. लुटेरों, 12. दर्शनाभिलाषा लिये गुज़र रहे हैं, 13. आशा के बीहड़ में खाक छान रहे हैं, 14. आसुओं की यातना।

किस तरह पाक हो बे-आरज़ू लम्हों का हिसाब[1]
दर्द आया नहीं दरबार सजाने कब से

पुर करो जाम केः शायद हो इसी लहज़ा रवाँ[2]
रोक रक्खा है जो इक तीर क़ज़ा[3] ने कब से

'फ़ैज़' फिर कब किसी मक़तल[4] को करेंगे आबाद
लब पेः वीराँ[5] है शहीदों के फ़साने[6] कब से

सहा तो क्या नः सहा…

ये किस ख़लिश[7] ने फिर इस दिल में आशियाना किया
फिर आज किस ने सुख़न[8] हमसे ग़ायबाना[9] किया

ग़म-ए-जहाँ हो, रुख़-ए-यार[10] हो, केः दस्त-ए-अदू[11]
सलूक जिससे किया हमने आशिक़ाना किया

थे खाक़-ए-राह भी हम लोग, क़हर-ए-तूफ़ाँ[12] भी
सहा तो क्या नः सहा और किया तो क्या न किया

ख़ुशा[13] केः आज हर एक मुद्दई के लब पर है
वोः राज़ जिसने हमें राँदा-ए-ज़माना[14] किया

वोः हीलागर[15] जो वफ़ा-जू[16] भी है, जफ़ा-जू[17] भी
किया भी 'फ़ैज़' तो किस बुत से दोस्ताना किया

---

1. अभिलाषाहीन क्षणों का हिसाब माफ़, 2. इसी क्षण छूट पड़े, 3. मौत, 4. क़त्ल होने का स्थान, 5. वीरान, 6. गाथाएँ, 7. चुभन, 8. बात, 9. चुपके से, 10. यार का चेहरा, 11. दुश्मन का हाथ, 12. तूफ़ान का प्रकोप, 13. ख़ुशी का अवसर है, 14. दुनिया भर से बहिष्कृत, 15. बहाने बनानेवाला, 16. प्रेम निभानेवाला, 17. क्रूर स्वभाववाला।

दो ग़ज़लें : मख़दूम * की याद में

1. "चाँदनी दिल दुखाती रही रात भर"

"आप की याद आती रही रात भर"
चाँदनी दिल दुखाती रही रात भर

गाह[1] जलती हुई, गाह बुझती हुई
शम-ए-ग़म[2] झिलमिलाती रही रात भर

कोई ख़ुश्बू बदलती रही पैरहन[3]
कोई तस्वीर गाती रही रात भर

फिर सबा साया-ए-शाख़-ए-गुल[4] के तले
कोई क़िस्सा सुनाती रही रात भर

जो नः आया उसे कोई ज़ंजीर-ए-दर[5]
हर सदा[6] पर बुलाती रही रात भर

एक उम्मीद से दिल बहलता रहा
इक तमन्ना सताती रही रात भर

---

* हैदराबाद के सुप्रसिद्ध जनकवि मख़दूम मुहीउद्दीन (जिन्होंने तेलंगाना आन्दोलन में भाग लिया) को समर्पित।

1. कभी, 2. ग़म का दीपक, 3. वस्त्र, 4. फूलों से भरी डाली की छाया, 5. दरवाज़े की कुंडी, 6. आवाज़।

2. "उसी अंदाज़ से चल बाद-ए-सबा आख़िर-ए-शब"

याद का फिर कोई दरवाज़ा खुला आख़िर-ए-शब[1]
दिल में बिखरी कोई ख़ुशबू-ए-क़बा[2] आख़िर-ए-शब

सुब्ह फूटी तो वोः पहलू[3] से उठा आख़िर-ए-शब
वोः जो एक उम्र से आया नः गया आख़िर-ए-शब

चाँद से नींद में तारों ने कहा
कौन करता है वफ़ा अह्द-ए-वफ़ा[4] आख़िर-ए-शब

लम्स-ए-जानानाँ[5] लिये, मस्ती-ए-पैमाना[6] लिये
हम्द-ए-बारी[7] को उठे दस्त-ए-दुआ[8] आख़िर-ए-शब

घर जो वीराँ था सर-ए-शाम[9] वो कैसे कैसे
फुरक़त-ए-यार[10] ने आबाद किया आख़िर-ए-शब

जिस अदा से कोई आया था कभी अव्वल-ए-सुब्ह[11]
"उसी अंदाज़ से चल बाद-ए-सबा[12] आख़िर-ए-शब"

एक दकनी ग़ज़ल*

कुछ पहले इन आँखों आगे क्या क्या ना नज़ारा गुज़रे था
क्या रौशन हो जाती थी गली जब यार हमारा गुज़रे था

थे कितने अच्छे लोग केः जिनको अपने ग़म से फ़ुर्सत थी
सब पूछें थे अहवाल जो कोई दर्द का मारा गुज़रे था

---

1. दिन का आख़िरी पहर, 2. प्रेमिका के वस्त्रों की ख़ुशबू, 3. बगल, 4. वफ़ादारी का प्रण निभाना, 5. प्रेमिका का लम्स, 6. जाम की मस्ती, 7. ईश गान, 8. दुआ के लिए हाथ उठाना, 9. साँझ की वेला, 10. यार से दूरी, 11. सवेरे-सवेरे, 12. समीर।
* दक्षिण भारतीय उर्दू में रचित।

अब के तो ख़िज़ाँ[1] ऐसी ठहरी वोः सारे ज़माने भूल गये
जब मौसम-ए-गुल[2] हर फेरे में आ-आ के दुबारा गुज़रे था

थी यारों की बहुतात तो हम अग़यार[3] से भी बेज़ार[4] नः थे
जब मिल बैठे तो दुश्मन का भी साथ गवारा गुज़रे था

बाज़ी है अब के जान से बढ़कर लगी हुई

सुनने को भीड़ है सर-ए-महशर[5] लगी हुई
तोहमत[6] तुम्हारे इश्क़ की हम पर लगी हुई

रिन्दों[7] के दम से आतिश-ए-मय[8] के बग़ैर भी
है मयकदे में आग बराबर लगी हुई

आबाद करके शहर-ए-ख़मोशाँ[9] हरएक सू[10]
किस खोज में है तेग़-ए-सितमगर[11] लगी हुई

जीते थे यूँ तो पहले भी हम जाँ पेः खेलकर
बाज़ी है अब के जान से बढ़कर लगी हुई

''लाओ तो क़त्लनामा[12] मेरा, मैं भी देख लूँ
किस किस की मुहर है सर-ए-महज़र[13] लगी हुई''

आख़िर को आज अपने लहू पर हुई तमाम
बाज़ी मियान-ए-क़ातिल-ओ-ख़ंजर[14] लगी हुई

---

1. पतझड़, 2. बहार, 3. ग़ैरों, 4. विमुख, 5. प्रलय के दिन, 6. इल्ज़ाम, 7. शराबियों, 8. शराब की आग, 9. सन्नाटे का नगर (क़ब्रिस्तान), 10. हर तरफ़, 11. ज़ालिम की तलवार, 12. क़त्ल का आदेश, 13. आदेश-पत्र पर, 14. क़ातिल और तलवार के बीच।

हर क़दम हमने आशिक़ी की है

सहल[1] यूँ राह-ए-ज़िंदिगी की है
हर क़दम हमने आशिक़ी की है

हमने दिल में सजा लिये गुलशन
जब बहारों ने बेरुख़ी[2] की है

ज़हर से धो लिये हैं होंट अपने
लुत्फ़-ए-साक़ी[3] ने जब कमी की है

तेरे कूचे में बादशाही की
जब से निकले गदागरी[4] की है

''जो गुज़रते थे 'दाग़'[5] पर सदमे''
अब वही कैफ़ियत[6] सभी की है

हम तुम से पहले भी यहाँ मंसूर हुए, फ़रहाद हुए

अब के बरस दस्तूर-ए-सितम[7] में क्या क्या बाब ईजाद हुए[8]
जो क़ातिल थे मक़तूल हुए, जो सैद[9] थे अब सय्याद[10] हुए

पहले भी खिज़ाँ[11] में बाग़ उजड़े, पर यूँ नहीं जैसे अब के बरस
सारे बूटे पत्ता पत्ता रविश-रविश[12] बरबाद हुए

पहले भी तवाफ़-ए-शम-ए-वफ़ा[13] थी रस्म मुहब्बत वालों की
हम तुमसे पहले भी यहाँ मंसूर हुए, फ़रहाद हुए

---

1. आसान, 2. विमुख होना, 3. पिलानेवाले की कृपा दृष्टि, 4. भिक्षा माँगना, 5. 19वीं शताब्दी के अंतिम दौर के उस्ताद शायर-'दाग़' देहलवी, 6. स्थिति, 7. अत्याचार का विधान, 8. अध्याय जुड़े, 9. शिकार, 10. शिकारी, 11. पतझड़, 12. क्यारी-क्यारी, 13. वफ़ा की शमा के चक्कर काटना।

इक गुल के मुरझा जाने पर क्या गुलशन में कोहराम मचा
इक चेहरा कुम्हला जाने से कितने दिल नाशाद[1] हुए

'फ़ैज़' नः हम यूसुफ़[2] नः कोई याक़ूब[3] जो हम को याद करे
अपनी क्या कनआँ[4] में रहे, या मिस्र में जा आबाद हुए

किसी रास्ते में है मुंतजिर वोः सुकूँ जो आके चला गया

वोः बुतों ने डाले हैं वसवसे[5] केः दिलों से ख़ौफ़-ए-ख़ुदा गया
वो पड़ी हैं रोज़ क़यामतें केः ख़याल-ए-रोज़-ए-जज़ा[6] गया

जो नफ़स[7] था ख़ार-ए-गुलू[8] बना, जो उठे तो हाथ लहू हुए
वोः निशाते-आहे-सहर[9] गई, वो वक़ारे-दस्ते-दुआ[10] गया

नः वोः रंग फ़स्ल-ए-बहार का, नः रविश वोः अब्र-ए-बहार[11] की
जिस अदा से यार थे आशना,[12] वोः मिज़ाजे-बादे-सबा[13] गया

जो तलब पेः अहद-ए-वफ़ा[14] किया तो वो आबरू-ए-वफ़ा गई
सरे-आम जब हुए मुद्दई[15] तो सवाबे-सिद्क़ो-सफ़ा[16] गया

अभी बादबान को तह रखो, अभी मज़तरिब है रुख़-ए-हवा[17]
किसी रास्ते में है मुंतज़िर[18] वोः सुकूँ[19] जो आके चला गया

---

1. दुखी, 2. प्रसिद्ध अवतार व विश्व के सबसे सुंदर व्यक्ति, 3. हजरत यूसुफ़ के पिता, 4. हज़रत यूसुफ़ की जन्मभूमि, 5. आशंकाएँ, 6. अंतिम, दिन की याद 7. साँस, 8. गले का काँटा, 9. सुबह को फ़रियाद करने का आनन्द, 10. दुआ के लिए उठनेवाले हाथों की प्रतिष्ठा, 11. बहार के बादल का ढंग, 12. परिचित, 13. समीर का स्वभाव, 14. कहने पर वफ़ादारी का प्रण, 15. जब सबके समक्ष न्याय माँगा, 16. पवित्रता और सत्य का पुण्य, 17. वायु की दिशा अस्थिर है, 18. प्रतीक्षारत, 19. शांति ।

आने वालों से कहो हम तो गुज़र जायेंगे

हम मुसाफ़िर यूँ ही मसरूफ़-ए-सफ़र[1] जायेंगे
बे-निशाँ हो गये जब शहर तो घर जायेंगे

किस क़दर होगा यहाँ महर-ओ-वफ़ा का मातम[2]
हम तेरी याद से जिस रोज़ उतर जायेंगे

जौहरी बन्द किये जाते हैं बाज़ार-ए-सुख़न[3]
हम किसे बेचने अल्मास-ओ-गुहर[4] जायेंगे

नेमत-ए-ज़ीस्त[5] का येः क़र्ज़ चुकेगा कैसे
लाख घबरा केः येः कहते रहें मर जायेंगे

'फ़ैज़' आते हैं रह-ए-इश्क़ में जो सख़्त मुक़ाम[6]
आने वालों से कहो हम तो गुज़र जायेंगे

कल जहाँ क़त्ल हुए थे इसी तलवार से हम

जैसे हमबज़्म[7] हैं फिर यार-ए-तरहदार[8] से हम
रात मिलते रहे अपने दर-ओ-दीवार से हम

सरख़ुशी में यूँ ही सरमस्त-ओ ग़ज़लख़्वाँ[9] गुज़रे
कू-ए-क़ातिल[10] से कभी कूचा-ए-दिलदार से हम

अब वहाँ कितनी मुरस्सा[11] है वोः सूरज की किरन
कल जहाँ क़त्ल हुए थे इसी तलवार से हम

---

1. यात्रा में व्यस्त, 2. प्रेम व वफ़ादारी का शोक, 3. शायरी का बाज़ार, 4. हीरे-मोती, 5. जीवन वरदान, 6. स्थान, 7. सभा में साथ, 8. बाँका यार, 9. मस्ती में ग़ज़ल गाते हुए, 10. क़ातिल की गली, 11. सुशोभित ।

हमसे बे-बहरा[1] हुई अब जरस-ए-गुल की सदा[2]
वरना वाक़िफ़ थे हर एक रंग की झंकार से हम

'फ़ैज़' जब चाहा, जो कुछ चाहा, सदा माँग लिये
हाथ फैला के दिल-ए-बे-ज़र-ओ-दीनार[3] से हम

अब कहाँ रस्म घर लुटाने की

अब कहाँ रस्म घर लुटाने की
बर्कतें थी शराबख़ाने की

कौन है जिससे गुफ़्तगू कीजे
जान देने की दिल लगाने की

बात छेड़ी तो उठ गयी महफ़िल
उनसे जो बात थी बताने की

साज़ उठाया तो थम गया ग़म-ए-दिल
रह गई आरज़ू सुनाने की

चाँद फिर आज भी नहीं निकला
कितनी हसरत थी उनके आने की

कब भेजोगे दर्द का बादल कब बरखा बरसाओगे

कब तक दिल की ख़ैर मनायें, कब तक राह दिखलाओगे
कब तक चैन की मोहलत[4] दोगे, कब तक याद नः आओगे

बीता दीद-उमीद[5] का मौसम, ख़ाक उड़ती है आँखों में
कब भेजोगे दर्द का बादल, कब बरखा बरसाओगे

---

1. वंचित, 2. फूलों के क़ाफ़िले की आवाज़, 3. निर्धन दिल, 4. अवकाश, 5. देखने की आशा।

अहृद-ए-वफ़ा या तर्क-ए-मुहब्बत[1], जी चाहो सो आप करो
अपने बस की बात ही क्या है, हमसे क्या मनवाओगे

किसने वस्ल का सूरज देखा, किस पर हिज्र की रात ढली
गेसुओं वाले[2] कौन थे क्या थे, इनको क्या जतलाओगे

'फ़ैज़' दिलों के भाग में है घर बसना भी, लुट जाना भी
तुम इस हुस्न के लुत्फ़-ओ-करम[3] पर कितने दिन इतराओगे

कुछ रौशनी बाक़ी तो है हरचंद केः कम है

दरबार में अब सतेवत-ए-शाही की अलामत[4]
दरबाँ का असा[5] है केः मुसन्निफ़[6] का क़लम है

आवारा है फिर कोह-ए-निदा[7] में जो बशारत[8]
तम्हीद-ए-मसर्रत[9] है केः तूल-ए-शब-ए-गम[10] है

किस अक्स[11] से है शहर की दीवार दरख़्शाँ[12]
येः खून-ए-शहीदाँ है केः जरखाना-ए-जम है[13]

हलक़ा किये[14] बैठे रहो एक शम्आ' को यारो
कुछ रौशनी बाक़ी तो है हरचन्द केः कम है

---

1. वफ़ादारी का प्रण या प्रेम सम्बन्ध का विच्छेद, 2. ज़ुल्फ़ोंवाले, 3. कृपाओं, 4. राजसी प्रताप का प्रतीक, 5. दरबान का दण्ड, 6. लेखक, 7. एक पहाड़ जिसमें से रहस्यमय आवाज़ें आती थीं, 8. शुभ सूचना, 9. ख़ुशी की भूमिका, 10. ग़म की रात का विस्तार, 11. छवि, 12. चमकती, 13. ईरान के प्रसिद्ध बादशाह जमशेद का ख़ज़ाना, 14. घेरकर।

“नहीं विसाल मयस्सर तो आरज़ू ही सही”

नहीं निगाह में मंजिल तो जुस्तजू[1] ही सही
नहीं विसाल मयस्सर[2] तो आरज़ू ही सही

नः तन में ख़ून फ़राहम[3] न अश्क आँखों में
नमाज़-ए-शौक़ तो वाजिब[4] है, बे-वजू ही सही

किसी तरह तो जमे बज़्म, मयकदे वालो
नहीं जो बादा-ओ-साग़र तो हा-ओ-हू ही सही

गर इन्तज़ार कठिन है तो जब तलक ऐ दिल
किसी से वादा-ए-फ़र्दा[5] की गुफ़्तगू ही सही

दयार-ए-ग़ैर[6] में मरहम[7] नहीं अगर कोई
तो 'फ़ैज़' ज़िक्र-ए-वतन अपने रू-ब-रू[8] ही सही

येः शहर उदास इतना ज्यादा तो नहीं था

गो[9] सबको बहम[10] सागर-ओ-बादा तो नहीं था
येः शहर उदास इतना ज़्यादा तो नहीं था

गलियों में फिरा करते थे दो चार दिवाने
हर शख़्स का सद-चाक-लबादा[11] तो नहीं था

मंजिल को नः पहचाने रह-ए-इश्क का राही
नादाँ[12] ही सही, इतना भी सादा तो नहीं था

थक कर यूँ ही पल भर के लिए आँख लगी थी
सोकर ही न उट्ठें ये इरादा तो नहीं था

---

1. तलाश, 2. उपलब्ध, 3. मौजूद, 4. आवश्यक, 5. कल के वादे, 6. पराई धरती, 7. अपना, 8. समक्ष, 9. यद्यपि, 10. उपलब्ध, 11. सौ जगह से कटा अँगरखा, 12. भोला।

क़तआ'त

□ रात यूँ दिल में तेरी खोई हुई याद आई
जैसे वीराने में चुपके से बहार आ जाये
जैसे सहराओं में हौले से चले बाद-ए-नसीम[1]
जैसे बीमार को बे-वज्ह क़रार[2] आ जाये

□ मैं दिलफ़िगार नहीं तू सितम शआर नहीं
बहुत दिनों से मुझे तेरा इंतज़ार नहीं
तेरा ही अक्स है इन अजनबी बहारों में
जो तेरे लब, तेरे बाज़ू, तेरा कनार नहीं

□ वक़्फ़-ए-हिरमान-ओ-यास[3] रहता है
दिल है अक्सर उदास रहता है
तुम तो ग़म देके भूल जाते हो
मुझको एहसाँ का पास[4] रहता है

□ फ़ज़ा-ए-दिल पे उदासी बिखरती जाती है
फ़सुर्दगी[5] है के: जाँ तक उतरती जाती है
फ़रेब-ए-ज़ीस्त[6] से क़ुदरत का मुद्दआ[7] मालूम
ये: होश है के: जवानी गुज़रती जाती है

□ न: आज लुत्फ़ कर इतना के: कल गुज़र न सके
वो: रात जो के: तेरे गेसुओं की रात नहीं
ये आरज़ू भी बड़ी चीज़ है मगर हमदम
विसाल-ए-यार फ़क़त आरज़ू की बात नहीं

□ मता-ए-लौह-ओ क़लम[8] छिन गई तो क्या ग़म है
के: ख़ून-ए-दिल में डुबो ली हैं उँगलियाँ मैंने
ज़बाँ पे मुहर लगी है तो क्या के: रख दी है
हर एक हल्क़ा-ए-ज़ंजीर[9] में ज़बाँ मैंने

□ फिर हश्र के सामाँ हुए एवान-ए-हवस[10] में
बैठे हैं ज़विल-अद्ल[11] गुनहगार खड़े हैं

---

1. सुगन्धित समीर, 2. चैन, 3. निराशा में डूबा हुआ, 4. कृपा का ध्यान, 5. उदासी, 6. जीवन का धोखा, 7. उद्देश्य, 8. लेखनी व तख़्ती की पूँजी, 9. जंजीर की कड़ी, 10. हवस का महल, 11. न्याय करनेवाले।

हाँ, जुर्म-ए-दफ़ा देखिये किस किस पे है साबित
वोः सारे ख़ताकार सर-ए-दार[12] खड़े हैं

☐ तेरा जमाल निगाहों में ले के उट्ठा हूँ
निखर गई है फ़ज़ा तेरे पैरहन[13] की सी
नसीम तेरे शबिस्ताँ[14] से होके आई है
मेरी सहर में महक है तेरे बदन की सी

☐ हमारे दम से है कू-ए-जुनूँ[15] में अब भी ख़जल[16]
अबा-ए-शेख़-ओ-क़बा-ए-अमीर-ओ-ताज-ए-शही[17]
हमीं से सुन्नत-ए-मंसूर-ओ-क़ैस[18] ज़िंदा है
हमीं से बाकी है गुलदामनी-ओ-कजकुलही[19]

☐ येः ख़ूँ की महक है केः लब-ए-यार की ख़ुशबू
किस राह की जानिब से सदा आती है देखो
गुलशन में बहार आई, केः ज़िंदाँ[20] हुआ आबाद
किस सिम्त[21] से नग़मों की सदा आती है देखो

☐ रात ढलने लगी है सीनों में
आग सुलगाओ आबगीनों[22] में
दिल-ए-उश्शाक़[23] की ख़बर लेना
फूल खिलते हैं इन महीनों में

☐ आज तन्हाई किसी हमदम-ए-दैरीं[24] की तरह
करने आयी है मेरी साक़ीगरी शाम ढले
मुंतज़र बैठे हैं हम दोनों केः महताब[25] उभरे
और तेरा अक्स झलकने लगे हर साये तले

☐ आ गई फ़स्ल-ए-सुकूँ[26] चाक गरेबाँ वालो[27]
सिल गये होंट, कोई ज़ख़्म सिले या नः सिले
दोस्तो बज़्म सजाओ केः बहार आई है
खिल गये जख़्म, कोई फूल खिले या नः खिले

☐ ढलती है मौज-ए-मय[28] की तरह रात इन दिनों

---

12. फाँसी के तख्ते पर, 13. लिबास, 14. रैन बसेरा, 15. जुनून की गली, 16. लज्जित, 17. उपदेशकों का चोला, धनवानों का अँगरखा, राजाओं का मुकुट, 18. मंसूर और मजनूँ की परम्परा, 19. समृद्धि और बाँकपन, 20. जेल, 21. दिशा, 22. शराब की बोतल, 23. प्रेमियों के हृदय। 24. पुराना दोस्त, 25. चाँद, 26. शान्ति का मौसम, 27. दीवानों, 28. शराब की लहर।

खिलती है सुब्ह-ए-गुल की तरह रंग-ओ-बू से पुर[29]
वीराँ है जाम, पास करो कुछ बहार का
दिल आरज़ू से पुर करो, आँखें लहू से पुर

☐ हजार दर्द शब-ए-आरज़ू की राह में है
कोई ठिकाना बताओ केः क़ाफ़िला उतरे
क़रीब और भी आओ केः शौक़-ए-दीद[30] मिटे
शराब और पिलाओ केः कुछ नशा उतरे

☐ दीदा-ए-तर[31] पे वहाँ कौन नज़र करता है
कासा-ए-चश्म[32] में ख़ूँनाब-ए-जिगर[33] लेके चलो
अब अगर जाओ पए अर्ज़-ओ-तलब[34] उनके हुज़ूर
दस्त-ओ-कशकोल नहीं कासा-ए-सर[35] लेके चलो

☐ दीवार-ए-शब और अक्स-ए-रुख-ए-यार[36] सामने
फिर दिल के आईने से लहू फूटने लगा
फिर वज़ए-एहतियात[37] से धुँधला गई नज़र
फिर ज़ब्त-ए-आरज़ू[38] से बदन टूटने लगा

☐ ज़ब्त का अहद भी है शौक़ का पैमान भी है
अहद-ओ-पैमाँ[39] से गुज़र जाने को जी चाहता है
दर्द इतना है केः हर रग में है महशर[40] वर्पा
और सुकूँ ऐसा, केः मर जाने को जी चाहता है

☐ बालीं पे कहीं रात ढल रही है
या शमअ पिघल रही है
पहलू में कोई चीज़ जल रही है
तुम हो केः मेरी जान निकल रही है

☐ मक़तल में नः मस्जिद नः ख़राबात[41] में कोई
हम किस की अमानत में ग़म-ए-कार-ए-जहाँ[42] दें
शायद कोई उनमें से कफ़न फाड़ के निकले
अब जायें, शहीदों के मज़ारों पे अज़ाँ[43] दें

---

29. भरी हुई, 30. दर्शन की अभिलाषा, 31. आँसू भरी आँख, 32. आँखों के जाम, 33. जिगर का ख़ून, 34. विनती करने व माँगने, 35. सिर का भिक्षा-पात्र, 36. प्रेमिका की छवि, 37. रोक-टोक, 38. भावनाओं का दमन, 39. प्रण और वचन, 40. प्रलय, 41. मधुशाला, 42. दुनिया के कामों का ग़म, 43. अज़ान।

पंजाबी नज़्में

लम्मी रात सी दर्द फ़िराक़ वाली

लम्मी रात सी दर्द फ़िराक़ वाली
तेरे कौल ते असाँ वसाह करके
कौड़ा घुट कीती मिठड़े यार मेरे
मिठड़े यार मेरे, जानी यार मेरे
तेरे कौल ते असाँ वसाह करके
झाँजराँ वाँग, ज़ंजीराँ झनकाइयाँ नें
कदी पैरी बेड़ी चाइयाँ नें
कदी कन्नीं मुंदराँ पाइयाँ नें
तेरी ताँह्ग विच पट्ट दा मास दे के
असाँ काग सद्दे, असाँ सींहं घल्ले

रात मुकदी ए, यार, आवँदा ए
असीं तक़दे रहे हज़ार वल्ले
कोई आया न बिना ख़ुनामियाँ दे
कोई पुज्जा न सिवा उलाहमियाँ दे

अज लाह उलाहमे मिठड़े यार मेरे
अज आ वेहड़े विछड़े यार मेरे
फ़जर होवे ते आखिये बिस्मिल्लाह
अज दौलताँ साडे घर आइयाँ नें
जिहदे कौल ते असाँ वसाह कीता
ऊहनें ओड़क तोड़ निभाइयाँ नें

गीत : किधरे न पैंदियाँ दस्साँ

किधरे न पैंदियाँ दस्साँ
वे परदेसिया तेरियाँ
काग उडावाँ शगन मनावाँ

वगदी वा दे तरले पावाँ
तेरी याद आवे ते रोवाँ
तेरा ज़िक्र कराँ ताँ हस्साँ
किधरे न पैंदियाँ दस्साँ
वे परदेसिया तेरियाँ

दर्द न दस्साँ घुलदी जावाँ
राज़ न खोलाँ, मुकदी जावाँ
किस नूँ दिल दे दाग़ दिखावाँ
किस दर अग्गे झोली डाहवाँ
वे मैं किस दा दामन खस्साँ
किधरे न पैंदियाँ दस्साँ
वे परदेसिया तेरियाँ

शाम उडीकाँ, फ़जर उडीकाँ
आखें ते सारी उमर उडीकाँ
आँढ गवाँडी दीवे बल्दे
रब्बा साडा चानन घल्ल दे
जग वसदाऐ मैं वी वस्साँ
किधरे न पैंदियाँ दस्साँ
किधरे न पैंदियाँ दस्साँ
किधरे न पैंदियाँ दस्साँ
वे परदेसिया तेरियाँ

मेरी डोली शौह दरया

(1974 के बाढ़पीड़ितों के सहायता-कोष के लिए रचित

कल ताँई सानूँ बाबला
तू रखिया हिक्क नाल ला
सतख़ैराँ साडियाँ मंगियाँ
जद झुल्ली तत्ती वा
अज कीकन वेहड़ेओं टुर्या
किवें लाहे नी मेरे चा

मेरे गहणे नील हत्थ पैर दे
मेरी डोली शौह दरिया
अज लत्थे सारे चा
मेरी डोली शौह दरिया
नाल रुह्डदियाँ रुह्ड गयाँ सद्धराँ
नाल रोंदियाँ रुल गये नीर
नाल हूँजे हूँज के लै गये
मेरे हत्थ दी लेख लकीर
मेरी चुन्नी बुक सवाह दी
मेरा चोला लीरो-लीर
लज पालन बोह्ड़े भैन दी
कोई कर्मां वाले वीर
मेरा चोला लीरो-लीर
मेरे लत्थे सारे चा
मेरी डोली शौह दरिया
सस्सी मर के जन्नतन हो गई
मैं तुर के औतर हाल
सुण हाड़े इस मस्कीन दे
रब्बा पूरा कर सवाल
मेरी झोक वसे, मेरा वीर वसे
फेर तेरी रहमत नाल
कोई पूरा करे सवाल रब्बा
तेरी रहमत नाल,
मेरे लत्थे सारे चा
मेरी डोली शौह दरिया।

रब्बा सच्चिया

रब्बा सच्चिया तूँ ते आखिया सी
जा ओए बंदिया जग दा शाह हैं तूँ
साडियाँ नेहमताँ तेरियाँ दौलताँ ने
साडा नैब ते आलीजाह है तूँ

एस लारे ते टोर कद पुछिया ई
कीह ऐस नमाणे ते बीतियाँ ने
कदी सार वी लई ओ रब साइयाँ
तेरे शाह नाल जग की कीतियाँ ने

किते धौंस पुलिस सरकार दीए
किते धाँदली माल पटवार दीए
ऐंवें हड्डाँ 'च कल्पे जान मेरी
जिवें फाही च' कूंज कुरलावँदीए
चंगा शाह बनाया ई रब साइयाँ
पोले खाँदेयाँ वार न आँवदी ए

मैंनूँ शाही नईं चाहीदी रब मेरे
मैं ते इज़्ज़त दा टुक्कड़ मंगनाँ हाँ
मैंनूँ ताँहग नईं, महलाँ माड़ियाँ दी
मैं ते जीवीं दी नग्गर मंगनाँ हाँ

मेरी मन्ने ते तेरियाँ मैं मन्नाँ
तेरी सौंह जे इक वी गल्ल मोड़ाँ
जे इह मंग नई पुजदी तैं रब्बा
फेर मैं जावाँ ते रब कोई हौर लोड़ाँ

एक तराना पंजाबी किसान के लिए

उठ उताँह नूँ जट्टा
मरदा क्यूँ जानैं
भुलिया, तूँ जग दा अनदाता
तेरी बाँदी धरती माता
तूँ जग दा पालण हारा
ते मरदा क्यूँ जानैं
उठ उताँह नूँ जट्टा
मरदा क्यूँ जानैं
जरनल, करनल, सूबेदार

डिप्टी, डी सी, थानेदार
सारे तेरे दित्ता खावण
तूँ जे न बीजें, तूँ जे न गाहवें
भुक्खे, भाणे सब मर जावन

इह चाकर, तूँ सरकार
मरदा क्यूँ जानैं
उठ उताँह नूँ जट्टा
मरदा क्यूँ जानैं
विच कचहरी, चुंगी, थाणे
कीह अनभोल ते कीह संयाणे
कीह अशराफ़ ते कीह निमाणे
सारेख ज्जल ख़्वार
मरदा क्यूँ जानैं
उठ उताँह नूँ जट्टा

एका कर लो हो जओ कट्ठे
भुल जाओ राँगड़, चीमे चट्ठे
सब्भे दा इक परवार
मरदा क्यूँ जानैं
जे चढ़ आवन फ़ौजाँ वाले
तूँ वी छवियाँ लंब करा लै
तेरा हक़ तेरी तलवार
तूँ मरदा क्यूँ जानैं
दे ''अल्लाह हू'' दी मार
तूँ मरदा क्यूँ जानैं
उठ उतांह नूँ जट्टा

इक नग़मा तारिकीन-ए-वतन के लिए

''वतने दियाँ ठंडियाँ छावाँओ यार
टिक रौ थाँईं ओ यार''
रोज़ी देवेगा साँईं ओ यार

टिक रौ थाँईं ओ यार

हीर नूँ छड टुर गयों रँझेटे
खेड़ियाँ दे घर पै गये हासे
पिंड विच कड्ढी टोर शरीकाँ
याराँ दे ढै पए मुँडासे
वीराँ दियाँ टुट्ट गय्याँ बाँईं, ओ यार
टिक रौ थाँईं ओ यार
रोज़ी देवेगा साँईं

काग उडावन मावाँ भैनाँ
तरले पावन लक्ख हज़ाराँ
ख़ैर मनावन संगी साथी
चरख़े ओहले रोवन मुटियाराँ
हाड़ाँ करदियाँ सुंजियाँ राहीं ओ यार
टिक रौ थाईं ओ यार

वतने दियाँ ठंडियाँ छाईं
छड ग़ैराँ दे महल-चोमहले
अपने वेहड़े दी रीस न काई
अपनी झोंक दियाँ सत्ते ख़ैराँ
बीबा तुस न क़दर न पाई
मोड़ मुहाराँ
ते आ घर-बाराँ
मुड़ आके भूल न जाँईं, ओ यार
टिक रौ थाँईं ओ यार

× × ×

अज रात इक रात दी रात जी के
असाँ जुग हज़ाराँ जी लित्ता ए
अज रात अमरत दे जाम वाँगूँ
इह्नाँ हत्था ने यार नूँ पी लित्ता ए